Guía fácil d

Karola Berger

Guía fácil de acupresura

Traducción de Joana Claverol

ROBIN
BOOK

Si usted desea que le mantengamos informado de nuestras pu-
blicaciones, sólo tiene que remitirnos su nombre y dirección,
indicando qué temas le interesan, y gustosamente complace-
remos su petición.

Ediciones Robinbook
información bibliográfica
Industria, 11 (Pol. Ind. Buvisa)
08329 Teià (Barcelona)
e-mail: info@robinbook.com
www.robinbook.com

Título original: *Schmerzfrei durch Akupressur*

© Urania Verlag.

© Ediciones Robinbook, s. l., Barcelona
Diseño cubierta: Regina Richling
Fotografía de cubierta: iStock / Tammy Peluso
ISBN: 978-84-7927-275-3
Depósito legal: B-5.076-2009
Impreso por Limpergraf, Mogoda 29-31 (Can Salvatella), 08210 Barberà del Vallès.

Impreso en España - *Printed in Spain*

¿Qué es la acupresura?

La acupresura es un método de autoayuda que permite a cualquier persona aliviar sus molestias de manera rápida y sencilla. No espere hasta ver al especialista, aprenda este método y ayúdese a sí mismo. La acupresura es buena para todos y para toda ocasión.

La propia palabra «acupresura» ya dice mucho sobre en qué consiste. Efectivamente, se trata de utilizar los dedos para ejercer presión sobre determinados puntos de la superficie cutánea. Mediante dicha presión se consigue que las energías del cuerpo vuelvan a fluir y se activan las capacidades naturales autocurativas del organismo, mitigando o eliminando así los dolores.

La acupresura actúa sobre el campo oscilatorio del cuerpo de manera similar a cómo lo hacen otras terapias alternativas como la homeopatía, las flores de Bach, la reflexoterapia, Polarity o trabajo con las energías del cuerpo, la terapia con colores, la musicoterapia y el trabajo con piedras o con mantras.

No hay que confundir la acu*presura* con la acu*puntura*; ambos métodos tienen sus raíces en la medicina tradicional china y se aplican desde hace miles de años. La diferencia estriba en que en la acupuntura los puntos se estimulan por medio de agujas.

La acupresura no sustituye al médico, pero puede disminuir los dolores y las molestias antes de la visita y después. Además, ayuda de manera efectiva a solucionar pequeñas indisposiciones como dolores de cabeza ocasionales, resfriados, etc. Asimismo es un método de prevención. Si usted tiene tendencia a sufrir determinadas molestias, puede prevenir su aparición presionando sobre determinados puntos.

Ventajas de la acupresura

- ► No cuesta dinero.
- ► Puede hacerla usted mismo.
- ► Puede aplicarla en cualquier lugar, incluso en la oficina, en el tren o en el autobús.

¿Cómo actúa la acupresura?

Tal como ha demostrado la investigación biofísica, todos los seres vivos poseen un campo oscilatorio electromagnético. Las oscilaciones de dicho campo corporal pueden medirse y hacerse visibles, aunque, en realidad, son varios millones de veces más débiles que las ondas luminosas normales. No obstante, traspasan la superficie del organismo y las personas especialmente sensibilizadas pueden incluso percibirlas en los demás. Los átomos de nuestro cuerpo material están almacenados en este campo energético, podría decirse que «nadan» en él. Este campo electromagnético cumple la función de transmitir información al cuerpo; permite la comunicación a la velocidad de la luz entre diferentes partes del cuerpo muy alejadas entre sí, de modo que cada parte «sabe» en qué estado se encuentran las otras partes. En comparación, la transmisión por las vías nerviosas de información a través de procesos químicos es mucho más lenta.

Las señales electromagnéticas controlan los procesos del organismo y se encargan de que en todo momento se desarrollen en las distintas partes del cuerpo los procesos correspondientes. Cuando el campo oscilatorio electromagnético del cuerpo está perturbado los procesos vitales ya no se desarrollan en debida forma. Como consecuencia sentimos dolores o enfermamos, es decir, que nuestro bienestar general depende del correcto estado de nuestro campo oscilatorio. La acupresura permite restaurar dicho campo.

Los bloqueos

Lo ideal sería que las oscilaciones de nuestro campo electromagnético se distribuyeran regularmente por todo el cuerpo, pero, por lo general, se van estancando en algunos puntos y no pueden seguir fluyendo. En este caso se habla de bloqueo. Normalmente dichos bloqueos están causados por ligeras tensiones, aunque, en otros casos, responden a enfermedades del tejido corporal, por ejemplo inflamaciones, úlceras o la existencia de tejido cicatrizante que obstaculiza el paso.

Nadie está libre de bloqueos, aunque la mayoría de personas no sabe dónde se localizan. Por desgracia estos bloqueos no siempre desaparecen por sí solos cuando se recupera la tranquilidad, en el tiempo de ocio o en vacaciones. Cuando se mantienen, a la larga producen dolores y enfermedades.

En la acupresura, al ejercer presión con los dedos sobre determinados puntos del cuerpo se activan oscilaciones que transmiten al organismo nueva información acerca de las zonas en las que se localiza el dolor. De este modo se consigue restituir el equilibrio oscilatorio que se halla perturbado en dichas zonas, normalizando de nuevo los procesos corporales, por ejemplo la circulación sanguínea, el suministro de oxígeno y la respiración celular.

Naturalmente es preciso saber qué puntos deben presionarse y cuándo, a fin de mitigar el dolor o lograr la curación. Para ello en los siguientes capítulos encontrará información detallada al respecto junto con ilustraciones que le permitirán localizar sin problemas los puntos precisos. De este modo tan simple será capaz de aliviar rápidamente sus dolores.

La acupresura no siempre puede eliminar por completo las molestias aunque, al menos, las alivia. Además sirve para relajarse y tranquilizarse, es decir, para aumentar el bienestar general.

¡Atención!

En algunos casos la acupresura está contraindicada, por ejemplo cuando existen enfermedades del corazón, durante el embarazo y en el caso de hipertensión grave. Naturalmente cuando el punto de presión está inflamado o hay una herida no debe presionarse. En lugar de ello presione sobre el mismo punto en la otra mitad del cuerpo o elija otro punto, ya que para prácticamente todas las dolencias existen varios puntos curativos.

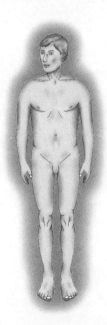

Campo oscilatorio electromagnético

Las vías de energía

Para moverse a través de nuestro cuerpo las señales electro-magnéticas prefieren utilizar sus propias vías, los llamados meridianos, que son invisibles.

Mientras que la circulación sanguínea puede compararse con el sistema municipal de conducción de agua y el plexo nervioso equivaldría a la red telefónica, que permite transmitir información, los meridianos serían más bien las rutas que se utilizan en el tráfico aéreo, porque son vías carentes de soporte material.

Los nombres que se indican en el cuadro no significan que el meridiano en cuestión empiece en el órgano mencionado, sino que presta apoyo especialmente al funcionamiento de dicho órgano.

Todos los meridianos están unidos entre sí mediante ramas secundarias y entrelazados a través de una red de meridianos secundarios, por lo que abarcan todo el cuerpo.

Adicionalmente, algunos meridianos sustentan toda una región corporal, una o varias glándulas o determinados órganos sensoriales. Otros intervienen en la producción de determinados fluidos corporales, por ejemplo la sangre, la linfa o la orina.

Todos los meridianos que se mencionan bajo estas líneas son simétricos, es decir, que el meridiano de la parte derecha del cuerpo tiene su gemelo en el lado izquierdo. Pero también hay dos meridianos impares: el meridiano de la concepción y el meridiano gobernador.

Todos los demás meridianos están subordinados a estos dos. Dibujan una línea imaginaria que divide perpendicularmente por el medio la parte anterior del cuerpo (meridiano de la concepción) o la parte posterior del cuerpo (meridiano gobernador). No tienen ningún «gemelo», ya que ambos están situados en la parte central del cuerpo.

Cada meridiano está relacionado energéticamente con un órgano esencial, que le da nombre:

- ► Meridiano del pulmón,
- ► Meridiano del intestino delgado,
- ► Meridiano del estómago,
- ► Meridiano del bazo-páncreas,
- ► Meridiano de la vesícula biliar,
- ► Meridiano del triple recalentador,
- ► Meridiano del intestino grueso,
- ► Meridiano del corazón,
- ► Meridiano de la vejiga,
- ► Meridiano de los riñones,
- ► Meridiano del hígado,
- ► Meridiano del pericardio.

El ámbito de la psique

Cada meridiano no sólo está relacionado con uno o varios órganos en concreto sino también con los temas vitales que dichos órganos representan.

Cuando se bloquea el flujo de energía en un meridiano aparecen a la luz problemas psíquicos correspondientes a la temática del meridiano, que causan a la persona tantas molestias como le puedan causar los problemas físicos.

Los sentimientos negativos pueden hacernos enfermar y actúan asimismo sobre las oscilaciones del campo energético del cuerpo y éste, a su vez, influye sobre el cuerpo material.

Muchas personas desconocen que existe también una terapia de meridianos que se fundamenta justamente sobre esta base, pero que en este libro no podemos tratar a fondo. Se trata de un simple método de autoayuda que todas las personas pueden aplicar y practicar. A grandes rasgos, dicha terapia consiste en adoptar determinadas posturas corporales que permiten percibir en cada meridiano los trastornos psíquicos y corporales y hacerlos desaparecer por completo a través de movimientos controlados por la energía.

Cada uno de los meridianos

El meridiano de la concepción

Podría decirse que es el «director» de la mitad de los meridianos, más concretamente de los meridianos Yin. Posee 24 puntos de acupresura que deben presionarse en caso de tos, asma, hernia (inguinal) y enfermedades del sistema urogenital.

El meridiano gobernador

Este meridiano gobierna la otra mitad de los meridianos, es decir, los correspondientes al Yang.

A lo largo del meridiano se localizan 28 puntos de acupresura que permiten tratar enfermedades del sistema nervio-

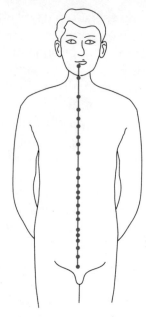

Meridiano de la concepción

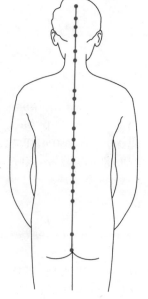

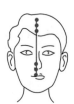

Al meridiano
gobernador

Meridiano gobernador

so central, rigidez de los músculos de la espalda, anquilosis de la columna vertebral, estados febriles e irritabilidad.

El meridiano del triple recalentador

Posee 23 puntos de presión. Se divide en tres partes situadas en la zona superior, central e inferior del tronco, respectivamente. Este meridiano está relacionado con tres funciones vitales del organismo: la respiración (parte superior del tronco), la nutrición (parte central del tronco) y la secreción (parte inferior del tronco).

En Occidente el triple recalentador también recibe el nombre de meridiano del tiroides, ya que también está relacionado con esta glándula.

Meridiano del triple recalentador

Órganos y funciones relacionados con el meridiano del triple recalentador:

▶ Glándula tiroides, glándula tiroides secundaria,
▶ prolongación de la médula espinal,
▶ nuca y región occipital,
▶ bazo, hígado, plexo solar,
▶ sistema nervioso central,
▶ órganos de la respiración, la digestión y órganos urogenitales,
▶ oído.

Todos los órganos de los que se encarga el meridiano del triple recalentador poseen capacidad de dirección y coordinación. Sus puntos de presión permiten influir sobre las siguientes molestias y afecciones: dolores en el cuello, tinnitus, entumecimiento, flatulencia, incontinencia nocturna, dolores al orinar.

Trastornos anímicos cuando el meridiano del triple recalentador está bloqueado: depresión, profundo abatimiento, tristeza, falta de esperanza,. inseguridad, decaimiento, soledad, aislamiento («no soy quien soy»), culpa (con la que se carga), así como lentitud en el habla, ingenuidad, problemas de sueño.

Por el contrario, cuando el meridiano del triple recalentador trabaja bien la persona muestra carácter, concreción, aceptación, alegría de vivir; se siente llena de esperanza, ligereza y dinamismo.

El meridiano de la vejiga

En él se localizan 67 puntos de acupresura.

Órganos y funciones relacionados con el meridiano de la vejiga:

▶ Vejiga y vías urinarias,
▶ glándula lagrimal y lágrimas,

- ▶ próstata,
- ▶ sistema nervioso, reflejos,
- ▶ parte posterior del cuerpo.

Mediante la acupresura puede eliminar las siguientes molestias y afecciones: incontinencia nocturna, retención de orina, enfermedades oculares y dolores de cabeza.

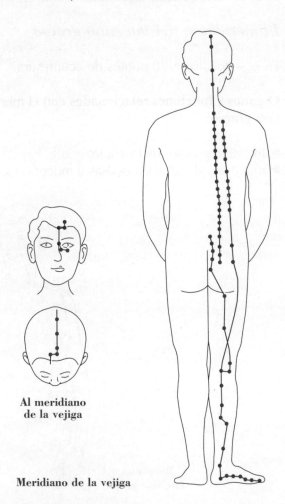

**Al meridiano
de la vejiga**

Meridiano de la vejiga

Los trastornos anímicos cuando el meridiano de la vejiga no funciona correctamente son: inquietud reprimida, impaciencia, frustración, sensación de opresión, estrés, miedo a la muerte e intranquilidad.

Por el contrario, cuando este meridiano funciona como es debido el individuo ofrece una apariencia de calma, equilibrio, sin conflictos ni discordias interiores.

El meridiano del intestino grueso

En él se localizan 20 puntos de acupresura.

Órganos y funciones relacionados con el meridiano del intestino grueso:

▶ Intestino grueso, recto y ano,
▶ mucosas, glándulas mucosas y mucosidad,

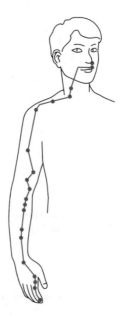

Meridiano del
intestino grueso

▶ timo y sistema inmunitario,
▶ hombros, cuello y nuca.

El meridiano del intestino grueso se encarga de las glándulas mucosas, por lo que forma una película protectora para todos los órganos y órganos sensoriales.

Mediante la acupresura sobre este meridiano puede influir sobre las siguientes molestias y afecciones: dolor de cuello, dolor de muelas, hemorragia nasal, estreñimiento, diarrea y dolor abdominal.

Cuando el meridiano del intestino grueso no funciona bien los trastornos anímicos son: sentimientos de culpa relacionados con hechos ocurridos en la infancia, cuando el individuo se hace reproches a sí mismo, también inconscientemente, por ejemplo, en caso de separación de los padres, sentimiento de fracaso, codicia o incluso una herida muy profunda.

El meridiano del intestino delgado

En él se localizan 19 puntos de acupresura.

Órganos y funciones relacionados con el meridiano del intestino delgado:

▶ Intestino delgado,
▶ mandíbula y paladar,
▶ laringe y cuerdas vocales,
▶ jugos gástricos y glándulas que los producen,
▶ tálamo, lenguaje.

Junto con el meridiano del corazón el meridiano del intestino delgado controla la sudoración.

Por su parte, el intestino delgado está situado en la parte anterior del abdomen, entre el estómago y el intestino grueso y sus aproximadamente cuatro metros de longitud están en-

**Meridiano del
intestino delgado**

roscados. Es la sección más importante de las vías digestivas y tiene la forma de un tubo flexible capaz de moverse en ondas por la acción de los músculos, haciendo así avanzar al quimo.

Justamente mientras los alimentos pasan por el intestino delgado tiene lugar el proceso digestivo y la asimilación de los nutrientes en la sangre.

Mediante la acupresura en este meridiano puede influir sobre las siguientes molestias y afecciones: ictericia, dolores en el bajo vientre, dolor de cuello, entumecimiento e inflamación en las mejillas.

Los trastornos anímicos que se producen cuando este meridiano no funciona correctamente son: tristeza, pesadumbre, dolor e hipersensibilidad («soy incapaz de aceptar la realidad tal como es», por ejemplo que la pared sea blanca).

Cuando el meridiano del intestino delgado funciona el individuo es capaz de poner en práctica sugerencias constructivas de cambio, es decir, trasformar los errores, y está lleno de alegría.

El meridiano de la vesícula biliar

En él se localizan 44 puntos de acupresura.

**Órganos y funciones relacionados
con el meridiano de la vesícula biliar:**

- ▶ Vesícula biliar,
- ▶ conductos biliares,
- ▶ bilis,
- ▶ cerebro, centros del cerebro,
- ▶ médula espinal,
- ▶ fluido del cerebro-médula espinal.

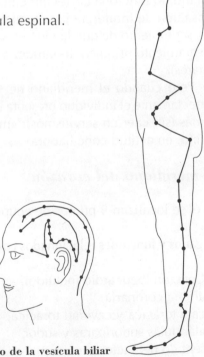

Meridiano de la vesícula biliar

La bilis es un fluido producido por el hígado que divide en pequeñas partículas las grasas que contienen los alimentos. De este modo las enzimas digestivas pueden disgregar las grasas que, a continuación, son asimiladas por el organismo a través del vello del intestino delgado. La bilis se almacena en la vesícula biliar, situada bajo el hígado, y cuando es necesario, es decir, cuando tomamos grasas, es conducida por los conductos biliares hasta el intestino delgado.

Mediante la acupresura sobre este meridiano puede influir sobre las siguientes molestias y afecciones: tinnitus, entumecimiento, dolor en la mandíbula superior, dolores de cabeza, fiebre, inflamación de la comisura palpebral externa y obnubilación.

Los trastornos anímicos que se producen cuando este meridiano no funciona correctamente son: «sentirse superado», sensación de indiferencia ante el entorno y las pequeñas cosas, sentimiento de que la vida es «amarga», ira, irascibilidad, envaramiento psíquico, testarudez y anquilosamiento (cálculos biliares).

Pero cuando el meridiano de la vesícula biliar funciona correctamente el individuo presenta una actitud de servicio a los demás (sin caer en servilismos): «me acerco a los demás con cariño, en actitud conciliadora».

El meridiano del corazón

En él se localizan 9 puntos de acupresura.

Órganos y funciones relacionados con el meridiano del corazón:

► Corazón (pericardio incluido),
► arteria coronaria,
► caja torácica y cavidad torácica,
► glándulas sudoríparas y sudor,
► sentido del tacto.

**Meridiano
del corazón**

Mediante la acupresura sobre este meridiano puede influir sobre las siguientes molestias y afecciones: dolores en la región cardíaca, sensación de calor en las manos y sequedad en el cuello.

Los trastornos anímicos que se producen cuando el meridiano del corazón no funciona correctamente son: malignidad (un corazón roto provoca tristeza y mordacidad), «ya no puedo entender a los demás con el corazón», sensación de «llevar sobre las espaldas toda la carga del mundo», cerrazón, dureza, «el corazón enfermo quiere atar y mantener prisionero», ira y malhumor.

Por el contrario, cuando este meridiano trabaja bien el individuo siente en su corazón un gran SÍ. Con un meridiano del corazón desarrollado el individuo está libre de ataduras, es capaz de amar, de perdonar y su actitud es conciliadora.

El meridiano del pericardio

El meridiano del pericardio empieza en el centro del pecho para después dividirse en un meridiano derecho y otro izquierdo. En este meridiano se localizan 9 puntos de acupresura.

Órganos y funciones relacionados con el meridiano del pericardio:

▶ Sexualidad,
▶ sangre,
▶ vasos sanguíneos (arterias y venas),
▶ circulación y tensión arterial,
▶ volumen de bombeo del corazón,
▶ todas las funciones de suministro y de secreción.

El meridiano del pericardio controla el equilibrio de fluidos en el organismo. El cuerpo humano necesita un sistema de

Meridiano
del pericardio

circulación permanentemente en movimiento a fin de poder proporcionar abastecimiento a todas las células y a todos los órganos.

La circulación sanguínea es un sistema de este tipo que, además del abastecimiento, se encarga asimismo de evacuar los residuos del proceso metabólico. El motor de este sistema es el corazón y la sangre se distribuye a través de los vasos sanguíneos.

Mediante la acupresura sobre este meridiano puede influir sobre las siguientes molestias y afecciones: ahogo, palpitaciones, angina de pecho y excitabilidad.

Los trastornos anímicos que se producen cuando el meridiano del pericardio no funciona correctamente son: sentimiento de pesar y arrepentimiento, tensión sexual, celos, obstinación, insatisfacción, cambios constantes, falta de flexibilidad, envidia y rivalidad.

Por el contrario, cuando este meridiano trabaja como es debido, el pasado no pesa sobre el individuo, se siente relajado, también físicamente, y muestra generosidad.

El meridiano del pericardio representa dinamismo, continuidad y alegría de vivir. Muestra que la vida es un continuo fluir y que todo fluye, invitando al mismo tiempo a unirse a este flujo constante.

El meridiano del pulmón

En él se localizan 11 puntos de acupresura.

Órganos y funciones relacionados con el meridiano del pulmón:

▶ Vías respiratorias,
▶ garganta,
▶ fonación y lenguaje,
▶ pulmones (incluida la pleura),
▶ piel,

► brazos y manos,
► glándulas sebáceas,
► olfato,
► producción de mucosidades,
► defensas y fuerza de resistencia.

Dentro de las vías respiratorias se incluyen las fosas nasales, la faringe, la laringe, la tráquea y los bronquios. En ellas se humedece y se calienta el aire que inspiramos, al tiempo que los estornudos y la tos lo limpian de partículas extrañas.

A través de los bronquios, que recuerdan una rama de árbol bifurcada, el aire inspirado se distribuye por los pulmones, en cuyos alvéolos se produce realmente la respiración, es decir, el intercambio de oxígeno y dióxido de carbono.

El oxígeno pasa a la sangre y es transportado a las células del cuerpo, que lo utiliza para producir energía quemando las sustancias nutrientes asimiladas con los alimentos. Es la llamada «respiración interna».

Mediante la acupresura sobre este meridiano puede influir

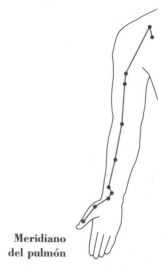

**Meridiano
del pulmón**

sobre las siguientes molestias y afecciones: dolores en el cuello, resfriado, tos, disnea, dolores y escalofríos en la zona de los
omóplatos, somnolencia, cansancio, depresión, fiebre, dolor en
un lado de la cabeza, nerviosidad e inquietud.

Los trastornos anímicos que pueden producirse cuando el
meridiano del pulmón no funciona correctamente son: desva-
limiento, temor de verse solo, arrogancia, negación de la vida,
desprecio, actitud de mofa, desdén, falso orgullo, intolerancia,
prejuicios, sentimiento de impotencia y presión interna.

Por el contrario, cuando el meridiano del pulmón trabaja
como es debido, el individuo siente deseos de vivir, es humil-
de, tolerante, modesto y sereno.

El meridiano del estómago

En él se localizan 45 puntos de acupresura.

Órganos y funciones relacionados con el meridiano del estó-
mago:

► Estómago,
► esófago,
► boca (incluidos los labios, la lengua y los dientes),
► glándulas salivares y glándulas de la mucosa gástrica,
► saliva y jugos gástricos,
► sentido del gusto,
► piel callosa (incluidos uñas, cutículas y pelo),
► zonas del cuerpo: parte anterior.

La boca, el esófago y el estómago se incluyen dentro de los
órganos digestivos. Su función es asimilar los alimentos, poner
en marcha los procesos digestivos y transportar el quimo.

La saliva es la encargada de empezar a digerir los alimentos, desinfectarlos y limpiarlos. La función principal del estómago consiste en almacenar provisionalmente los alimentos.

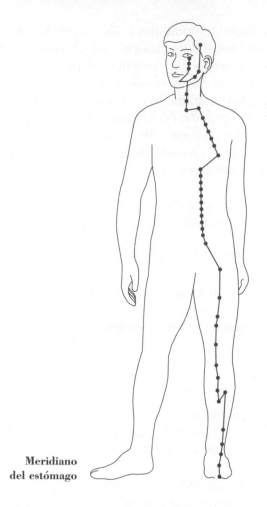

**Meridiano
del estómago**

Allí los jugos gástricos los descomponen en sus componentes
químicos, tras lo cual pasan en pequeñas cantidades al intestino delgado para seguir la digestión. Esto acontece mediante
movimientos rítmicos producidos por los músculos de las pa-
redes del estómago.

Mediante la acupresura sobre este meridiano puede influir
sobre las siguientes molestias y afecciones: fiebre, dolores esto-

macales, vómito, flatulencia, edemas, dolores en el cuello, hemorragias nasales, adicciones, calambres y sensación de tensión.

Los trastornos anímicos que se producen cuando el meridiano del estómago no funciona correctamente son: necedad (incapacidad para asimilar las cosas en el estómago y en la cabeza), avidez (ansia de dominio), repugnancia, decepción, amargura, vacío, privación, hambre, malestar, sensación de carencia y, consecuentemente, comportamiento de tipo adictivo.

Cuando este meridiano trabaja como es debido el individuo está satisfecho y tranquilo, se siente a gusto y no se altera.

El meridiano del bazo-páncreas

En él se localizan 21 puntos de acupresura.

Órganos y funciones relacionados con el meridiano del bazo-páncreas:

▶ Bazo,
▶ páncreas,
▶ sistema linfático (incluida la linfa),
▶ gónadas,
▶ tejido conjuntivo y tejido adiposo.

Los órganos linfáticos comprenden las vías linfáticas, los ganglios linfáticos, las amígdalas, el bazo y el timo. Exceptuando el timo, que está relacionado con el meridiano del intestino grueso, todos los demás órganos del sistema linfático son competencia del meridiano del bazo-páncreas.

El sistema linfático es el sistema de las defensas propias del organismo. Su función consiste en destruir organismos extraños, por ejemplo las bacterias y las minúsculas partículas del polvo. Las vías linfáticas parten de los tejidos y por ellas circula la linfa, un fluido que transporta dichos organismos extraños hasta los órganos linfáticos, donde son inmunizados, es decir, «devorados».

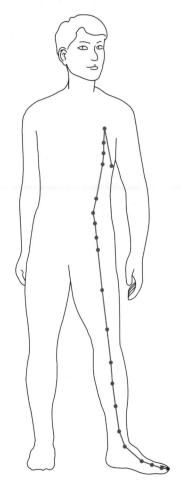

Meridiano del bazo-páncreas

El bazo está situado a la altura de la 10.ª/11.ª costilla aproximadamente, en la parte posterior izquierda de la cavidad abdominal. Además de la defensa, su función es limpiar la sangre de hematíes caducos.

Mediante la acupresura sobre este meridiano puede influir sobre las siguientes molestias y afecciones: dolores estomacales, vómitos, ictericia y flatulencia.

Los trastornos anímicos que se producen cuando el meridiano del bazo-páncreas no funciona correctamente son: temores fundados respecto al futuro causados por una experiencia traumática (por ejemplo, la causa de la diabetes mellitus puede ser un trauma profundo sufrido en los primeros años de vida), sobre todo miedo de que pase algo, *shock*, letargo, rechazo frente a los demás, convencimiento de que se está enfermo, envidia y rivalidad.

Pero cuando el meridiano del bazo-páncreas trabaja como es debido el individuo está libre de temor, se siente seguro también en el ámbito de las relaciones sociales y tiene confianza en un futuro seguro.

El meridiano de los riñones

Los riñones producen la orina a través de la cual se eliminan del organismo toxinas, por lo que desempeñan una función excretora de importancia capital.

En él se localizan 27 puntos de acupresura.

Órganos y funciones relacionados con el meridiano de los riñones:

- ▶ Riñones,
- ▶ cápsulas suprarrenales,
- ▶ huesos y articulaciones,
- ▶ piernas,
- ▶ genitales externos,
- ▶ caracteres sexuales secundarios (timbre de voz masculino/femenino, pecho y glándulas mamarias, vello corporal/facial, así como constitución física masculina y femenina),
- ▶ orina como fluido corporal,
- ▶ oído y audición.

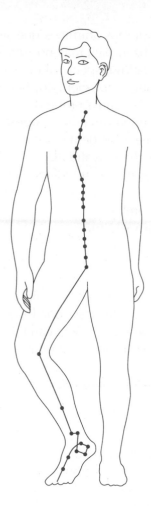

**Meridiano
de los riñones**

Mediante la acupresura sobre este meridiano puede influir sobre las siguientes molestias y afecciones: dolores lumbares, estreñimiento, diarrea, flojedad en las piernas, disnea, asma, dolores en el cuello y sensación de calor en las plantas de los pies.

Los trastornos anímicos que se producen cuando el meridiano de los riñones no funciona correctamente son: depresión debida a una «intoxicación» (también física), inapetencia sexual, testarudez, deseo de imponer la propia voluntad, rechazo, negación y sentimientos de inferioridad.

No obstante, cuando este meridiano trabaja como es debido el individuo se siente seguro y en equilibrio en su vida sexual.

El meridiano del hígado

En él se localizan 14 puntos de acupresura.

Órganos y funciones relacionados con el meridiano del hígado:

▶ Piernas,
▶ función motora de las piernas,
▶ órganos reproductores y su función (potencia, menstruación, embarazo),
▶ vejiga urinaria,
▶ cabeza y su irrigación,
▶ órganos del equilibrio.

Sin hígado, nuestro organismo no podría funcionar, se iría envenenando paulatinamente y terminaría por «morir de inanición». La falta de suministro de energía y el envenenamiento del cuerpo como consecuencia de las enfermedades hepáticas se traducen en síntomas psíquicos, por ejemplo depresión, cansancio y desinterés.

Mediante la acupresura sobre este meridiano puede influir sobre las siguientes molestias y afecciones: dolores en el bajo vientre, incontinencia nocturna, retención de orina, hernia (inguinal), vómitos y lumbago.

Los trastornos anímicos que se producen cuando el meridiano del hígado no funciona correctamente son: infelicidad, desamparo («¡por favor, mamá, dame fuerzas!») y flojedad.

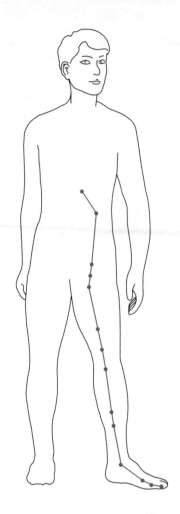

**Meridiano
del hígado**

Cuando este meridiano trabaja debidamente el individuo se siente con fuerzas («Soy feliz. Me siento bien. Soy afortunado»).

Los puntos de acupuntura toman el nombre de los respectivos meridianos

La denominación oficial de los puntos de acupuntura, que equivalen a los de acupresura, depende del meridiano en el que se encuentran. Por ejemplo, Hi 5 es el quinto punto del meridiano del hígado. En el dibujo del meridiano del corazón el punto superior se localiza en el hombro (Co 1) y el inferior, en el dedo meñique (Co 9).

No obstante, a efectos de simplificación, en este libro no utilizaremos la nomenclatura oficial. Si le interesa, encontrará las denominaciones en cualquier manual de acupuntura.

Cada uno de los doce meridianos posee:

▶ un punto de estimulación,
▶ un punto de relajación,
▶ un punto de armonización.

Sus propios nombres indican el efecto que se consigue al ejercer presión sobre ellos.

■ Al presionar un punto de estimulación se estimula, se vivifica y se activa el órgano correspondiente.
■ Al tratar un punto de relajación se calma el órgano correspondiente y se eliminan las posibles tensiones.
■ Al presionar un punto de armonización se logra el equilibrio entre la estimulación y la relajación.

Los puntos de energía

En la acupresura tratamos determinados puntos de estímulo situados sobre los meridianos y que no son más que puertas o aberturas a través de las cuales podemos influir en el sistema energético del cuerpo. Cuando se ejerce presión sobre uno de estos puntos los meridianos transmiten este estímulo en forma de información a la zona del cuerpo enferma. A continuación, allí se normaliza de nuevo la situación electromagnética perturbada y, por tanto, se restituye la salud al cuerpo.

En las páginas precedentes puede encontrar algunos de los puntos de estímulo en las ilustraciones de los meridianos, pero hay tantos que no es posible señalarlos todos.

Además, existen puntos especiales que producen un efecto singular. Cabe destacar, por ejemplo, los puntos centrales de sedación, que se tratan con agujas de acupuntura a fin de eliminar dolores en un abrir y cerrar de ojos. En China sustituyen, por ejemplo, el cloroformo para anestesiar a los pacientes que deben someterse a una operación.

Otros tratamientos

No hay que confundir la acupresura con el masaje de las zonas reflejas ni con la acupuntura en la oreja.

El masaje de las zonas reflejas se basa en la teoría de que

determinados puntos en la planta de los pies están relacionados con ciertas zonas del cuerpo, y que presionando sobre dichos puntos es posible influir sobre una parte del cuerpo y sa-
narla. Por lo tanto, el masaje de las zonas reflejas se realiza
única y exclusivamente en la planta del pie.

De igual forma, la acupuntura en la oreja parte del su-
puesto de que en el pabellón auditivo está representado, de
manera reducida, todo el organismo y que mediante la acupuntura sobre un punto determinado de la oreja es posible sa-
nar la correspondiente zona del cuerpo. Tal como se demues-
tra en este libro, ninguno de estos dos tratamientos tiene nada
que ver con la acupresura.

Cómo encontrar el punto correcto

Localización de un punto

Las ilustraciones le muestran dónde está situado el punto que debe presionar en cada caso. Adicionalmente en el texto también se proporcionan indicaciones para encontrar los diferentes puntos.

Asimismo puede medir con los dedos (a lo ancho) la distancia respecto a un punto sobresaliente del cuerpo; por ejemplo puede indicarse que busque un punto situado dos dedos (de anchura) por encima del ombligo. Aunque sus dedos sean un poco más estrechos que los de otra persona y mida una distancia menor, la parte del cuerpo que medirá (en este caso la parte superior del abdomen) normalmente también será más corta, por lo que, a fin de cuentas, encontrará el mismo punto que una persona que tenga los dedos más anchos y el abdomen más largo. En este caso se habla de «unidad de medida propia del cuerpo».

Coloque la yema del dedo allí donde crea que se encuentra el punto correcto, intentando aproximarse lo más posible al punto exacto. Normalmente notará que en ese punto el tejido se diferencia ligeramente del entorno, por ejemplo, que sobresale un poco o está algo más hundido. Con frecuencia notará asimismo dolor al ejercer una ligera presión.

Una vez haya localizado el punto, márquelo con rotulador para poder encontrarlo de nuevo fácilmente.

Pruebe cuál de sus dedos es más sensible y nota más fácilmente las diferencias. En caso de que la acupresura no produzca efecto es posible que no haya localizado el punto correctamente.

Sensibilizarse

Con el tiempo, a medida que consiga éxitos y fracasos, irá desarrollando una mayor sensibilidad, es decir, aprenderá a encontrar los puntos correctos. Además de las particularidades ya descritas anteriormente, los reconocerá porque percibirá una cierta tensión eléctrica en la piel.

Habitualmente no somos capaces de percibir las oscilaciones electromagnéticas de nuestro cuerpo, aunque, en realidad, son perfectamente evidentes. En primer lugar es preciso familiarizarse con dichas oscilaciones, es decir, sensibilizarse respecto a ellas.

Cuando busque el punto de presión correcto preste especial atención a cómo siente la piel. Le resultará más fácil si cierra los ojos, ya que al anular el sentido de la vista se potencia el sentido del tacto. Intente percibir diferencias por mínimas que sean. En la búsqueda de los puntos pregúntese: ¿qué he sentido?, ¿dónde?, ¿durante cuánto tiempo?, ¿he notado diferencias?, ¿cuáles? No se dé por vencido a la primera de cambio, espere hasta que sus sensaciones difusas empiecen a tomar forma. Relájese y no piense en nada. Procure traducir en palabras sus sensaciones, para lo cual puede ayudarle la lista que figura en la página siguiente; no pretende ser una lista exhaustiva sino simplemente darle algunas ideas. Anote sus sensaciones en la lista.

Cuanto más a menudo concrete sus sensaciones en palabras, mejor se acordará de ellas la próxima vez y su repertorio de sensaciones se irá haciendo cada vez más amplio.

Lista de comprobación

	Punto 1	Punto 2	Punto 3
Hormigueo			
Calor			
Sensación de ligereza			
Tensión			
Relajación			
Resistencia			
Entumecimiento			
Impenetrabilidad			
La piel se sentía más bien delgada			
más bien gruesa			
tranquila			
intranquila y variable			
viva			
cansada			
paralizada			
suave			
fuerte			
acolchada			
sin grasa			

Si no siente absolutamente nada, no se preocupe. A la mayoría de personas al principio le pasa esto. El éxito depende en gran parte de que seamos capaces de percibir claramente y diferenciar las energías de nuestro cuerpo.

El objetivo de la acupresura no es poner en práctica una determinada terapia o una técnica de masaje sino aprender a conocer las energías del propio organismo.

Naturalmente, es condición indispensable que se concentre totalmente en lo que está haciendo. Si mientras busca los puntos mira la televisión o habla con alguien, no logrará ningún resultado. Asimismo si nota que durante el ejercicio su cabeza está en otra parte, deténgase e intente recuperar la concentración. No haga grandes esfuerzos por concentrarse, intente simplemente «estar por la labor».

De pronto notará que ha hallado el punto correcto, que de repente ha encontrado una vía directa de acceso al dolor. Entonces es el momento de empezar a trabajar dicho punto.

Un mismo punto para diversas dolencias

Llama la atención que a veces se presiona el mismo punto para solucionar diferentes dolencias. La razón es que cada punto desempeña varias funciones; según como se combina con otros puntos su efecto varía. Esto explica asimismo por qué en diferentes libros se recomienda para la misma enfermedad combinaciones de puntos distintas. La acupresura es una ciencia experimental y muchas combinaciones efectivas de puntos que han llegado a nosotros son el legado de prácticas anteriores y hoy en día se siguen descubriendo nuevas posibilidades. En la actualidad se conocen más de 1.100 puntos de estímulo efectivos.

Medios auxiliares técnicos

Si prefiere trabajar con aparatos técnicos, tiene la posibilidad de adquirir un aparato de localización de puntos de acu-

Aparato de localización

presura, que permite determinar los puntos correctos en la piel.

Además de costosos aparatos de sobremesa, pensados para profesionales, también existen aparatos más pequeños de uso manual y que funcionan con pilas.

No obstante, el principio es el mismo. Todos poseen una punta de sondeo que se desplaza por la piel en movimientos suaves y regulares. Cuando el aparato localiza un punto de presión, el zumbador que lleva incorporado emite una señal al tiempo que se enciende una pequeña lámpara situada en la parte superior del aparato, que permanece encendida hasta que se aleja del punto en cuestión.

Estos aparatos de medida miden la conductividad eléctrica, que en los puntos de acupresura es distinta que en el resto de la superficie cutánea. Gracias a esta diferencia el aparato es capaz de localizar al milímetro los puntos de acupresura.

El aparato Monolux permite, además, tratar el punto de presión con rayos monocromos de luz roja, similares a un láser, lo cual se ha demostrado que posee virtudes curativas.

Estos aparatos cuestan alrededor de veinte mil pesetas.

Yo los utilizo únicamente para comprobar que he localizado el punto de acupresura correcto. Le recomiendo que intente situar usted mismo los puntos por el tacto, ya que resul-

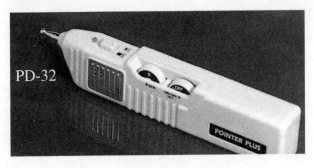

Pointer-Plus

ta más gratificante y enriquecedor. De este modo desarrollará su sensibilidad y aprenderá a conocer su propio cuerpo hasta el punto de ser capaz de percibir con las manos las diferencias en las oscilaciones.

Aparato Monolux

El tratamiento
de los puntos de presión

Requisitos previos

- Antes de empezar la sesión relájese.
- En las horas previas no beba alcohol ni tome calmantes, porque estas sustancias modifican las reacciones del cuerpo.
- Las manos frías pueden provocar una reacción de *shock* sobre la piel; procure tener las manos calientes.
- Naturalmente, no lleve las uñas demasiado largas, porque podría lesionarse al presionar sobre los puntos.
- Huelga decir que no es aconsejable que realice una sesión de acupresura si está muy cansado o estresado, ya que no podría concentrarse al máximo.

Modo de proceder

Coloque el dedo verticalmente desde arriba, pero tocando sólo con la yema el punto de acupresura.

El tratamiento debe ser continuado, es decir, debe durar un cierto tiempo; intenso, o sea, debe realizarse utilizando el grado adecuado de energía en función del estado individual de cada paciente; constante, porque el tratamiento debe llevarse a cabo con la suficiente rapidez a un ritmo regular, y, finalmente, suave, es decir, debe evitarse toda brusquedad o violencia. Asimismo los cambios en el tratamiento no deben ser nunca repentinos. Es preciso ejercer una presión real que se note como tal, aunque evitando dolores desagradables que sólo conseguirían cargar los músculos. La intensidad de la presión debe estar en el borde del umbral del dolor.

Tras localizar el punto de acupresura y colocar el dedo en la posición correcta, incremente paulatinamente la presión. No presione sólo con el dedo, sino también con el brazo y con todo el cuerpo. El tejido corporal debe irse acostumbrando lentamente al estímulo de la presión. Si se aplica presión de manera repentina se producen reacciones de *shock* y sólo se consigue empeorar aún más las molestias.

La presión debe aplicarse verticalmente desde arriba sobre el punto de acupresura. La intensidad adecuada varía dependiendo de la parte concreta del cuerpo, tal como podrá comprobar por sí mismo: por ejemplo la cara es muy sensible, por lo que sólo debe rozarse, mientras que los grandes músculos situados en los hombros y en la espalda soportan una presión mucho mayor.

La mayoría de puntos de acupresura son dobles, es decir, que se encuentran en la mitad derecha y la mitad izquierda del cuerpo. Trate siempre los dos puntos aunque en el dibujo sólo se muestre uno. El otro se encuentra siempre en el mismo lugar pero en la otra mitad del cuerpo.

Si durante el tratamiento nota nuevos dolores, deténgase enseguida. No obstante, esto sólo ocurre muy raramente.

Antes de aplicar la acupresura a otra persona infórmele antes de en qué va a consistir y qué parte del cuerpo pretende trabajar, a fin de que esté preparada y no se alarme sin motivo. Pregunte a la persona que está tratando si está ejerciendo la presión correcta, si es insuficiente o exagerada. Actúe en función de la respuesta.

El efecto que se consigue es tanto más intenso cuanto más cerca se trate el centro del punto de acupresura; naturalmente, si sólo se trabaja la zona adyacente, el efecto no será el óptimo.

La actitud interior

El ejercicio de la acupresura requiere toda su atención y recogimiento. No se deje distraer por nada, ni por sus propios pensamientos. Procure que nada lo moleste, ni llamadas de teléfono ni otras personas. Cierre los ojos para no distraerse con sensaciones visuales.

La acupresura es una actividad espiritual que activa energías, por lo que requiere concentración. Pero concentrarse no significa arrugar la frente y apretar los dientes, sino poner el cien por cien de nuestra atención. Por tanto, si durante el tratamiento nota que su mente está en otra parte, deténgase e intente recuperar la concentración.

Durante la acupresura respire profunda y regularmente. De este modo en toda la superficie pulmonar se produce un intercambio de oxígeno y dióxido de carbono y el cuerpo está en óptimas condiciones para desempeñar sus funciones. Recuerde que no sólo la inspiración es importante sino también la espiración, entendida como un proceso de liberación que permite descargarnos de los residuos y de todo aquello ya consumido.

Pausas

Si nota tensión en los dedos o que se le cansa la mano, interrumpa el tratamiento, sacuda varias veces la mano, déjela muerta y respire varias veces profundamente. Después de esta pausa continúe.

El tipo de tratamiento

Los puntos de acupresura pueden trabajarse de formas distintas:

- Golpeando suavemente con la yema del dedo corazón durante 2 o 3 minutos. Ayúdese apoyando el pulgar contra la última falange del dedo corazón. Los golpeteos deben proceder de la articulación de la muñeca.
- Una presión constante ejercida con la yema del dedo tiene efectos relajantes. La intensidad y la duración dependen de cada persona.
- Una presión pulsátil con la yema del dedo o con el nudillo tiene efectos estimulantes. Presione el punto de estímulo siguiendo el ritmo del pulso y haciendo breves pausas, es decir: pulsar - soltar - pulsar, etc.
- Para masajear el punto de acupresura mueva el dedo en círculos o bien adelante y atrás.
- Para friccionar mueva el dedo en círculos o adelante y atrás, pero sin desplazar la piel subyacente. En el punto friccionado se produce calor.

El orden en el que tratar los puntos para solucionar una dolencia determinada es algo que deberá averiguar por sí mismo. Vaya cambiando el orden hasta encontrar el que a usted le produce un mayor efecto.

Duración del tratamiento

Trabaje sucesivamente dos o tres de los puntos que se indican hasta que note alivio. No es posible determinar con precisión cuánto debe durar el tratamiento, ya que depende de la persona, del cuadro patológico y del tipo de tratamiento que se elija.

No obstante, una sesión en la que se traten varios puntos no debería durar más de 15 o 20 minutos. Si le parece que no tiene suficiente, es mejor que repita el tratamiento unas horas más tarde.

¿Cuándo detenerse?

Con el tiempo llegará a darse cuenta de cuándo parar, que es cuando los dolores hayan desaparecido o cuando haya alcanzado un estado de equilibrio de las tensiones. Dicho estado se percibe a través de mínimos cambios en el campo oscilatorio de la piel, aunque para ello se necesita práctica y poner mucha atención.

Con frecuencia después de aplicar varios tratamientos se notan pulsaciones en el punto del cuerpo trabajado (¡no en el dedo!). Si el pulso es regular y tranquilo es otro signo de que ya es hora de terminar. También puede tener la sensación de que el punto ya no es sensible y que no reacciona.

¿Cómo detenerse?

Vaya disminuyendo la presión paulatinamente y deje el dedo unos veinte segundos en contacto con la piel, de modo que la sensación de presión vaya desapareciendo lentamente. No retire nunca el dedo de repente.

El número de tratamientos

El efecto de la acupresura es más duradero cuando se repite varias veces. Un tratamiento esporádico puede aliviar los dolores, pero para eliminarlos definitivamente es preciso presionar el punto correspondiente varios días seguidos.

Resumen de las principales normas

- Requisitos previos: estar relajado, tener las manos calientes, llevar las uñas cortas;
- Tratamiento: continuado, constante, intenso, suave;
- Actitud interna: recogimiento y concentración;

■ Duración del tratamiento: como máximo de 15 a 20 minutos durante varios días o semanas.

Lista de comprobación

Molestias	Lugar en el cuerpo	Puntos de acupresura	Número de tratamientos	Resultado
Tensión	Rodilla	5	4	Relajación
Dolor	Hombro	1 + 2	3	Normalidad

Miedo, ira y aflicción

Cada meridiano no sólo está relacionado con un grupo de órganos determinados, sino que también está vinculado a la temática vital que representan dichos órganos.

Por esta razón cuando se interrumpe el flujo de energía en un meridiano concreto aparecen problemas psíquicos relacionados con el ámbito temático en cuestión, que pueden llegar a atormentar tanto al afectado como los dolores físicos.

Los sentimientos negativos pueden hacernos enfermar, ya que influyen sobre las oscilaciones del campo oscilatorio del cuerpo y éste, a su vez, lo hace sobre el cuerpo material.

La aflicción, el miedo y la ira eran útiles al hombre del neolítico. Por ejemplo el miedo le servía para sobrevivir o para ponerse a salvo de las inclemencias del tiempo o de los animales salvajes a tiempo. La ira le era útil en las luchas con sus enemigos o para subsistir en una naturaleza hostil, mientras que la aflicción le permitía hacer acopio de todas sus fuerzas y sobreponerse tras una pérdida y tomar una nueva orientación.

Pero en la actualidad ya no estamos tan completamente a la merced de la naturaleza e intentamos, en lo posible, solucionar nuestros problemas de relación con otras personas haciendo uso de la razón y del amor en lugar de recurrir al miedo y a la ira.

En consecuencia, es mejor librarnos de esos sentimientos cuando se adueñan de nosotros y para ello la acupresura es de gran ayuda.

Los sentimientos surgen a partir de tensiones y turbulencias en el campo oscilatorio del cuerpo. El hecho de que sean tan intensas e imposibles de controlar se debe a que se producen bloqueos, que van acumulando las oscilaciones hasta que, como si se tratara de un cuello de botella, se liberan en una gran explosión.

Este capítulo le indica cómo desactivar estos sentimientos a través de la acupresura, una técnica eficaz y rápida.

La primera pregunta es:

¿Cómo puedo encontrar el punto de acupresura correcto para tratar ese sentimiento que me atormenta? Para averiguarlo primero debemos fijarnos en el sentimiento en sí, ya sea miedo, aflicción, ira, culpa o decepción.

Localizar el sentimiento

Cierre los ojos y experimente en su interior ese sentimiento. ¿En qué lugar del cuerpo se localiza? Con frecuencia los sentimientos parecen haberse adueñado de todo el cuerpo, nos sentimos globalmente tristes, alegres o asustados.

A continuación pregúntese: ¿dónde noto concretamente ese dolor en mi cuerpo? Concéntrese en el dolor y encontrará un lugar donde el sentimiento es más intenso, de donde parece proceder, es decir, el núcleo del sentimiento. Intente precisar ese lugar lo máximo que pueda.

Por ejemplo, ayer discutí con un amigo y hoy no me lo he podido quitar de la cabeza. La verdad es que me sentía muy mal y me pregunté: ¿qué siento cuando pienso en lo que ocurrió ayer? Respuesta: me siento culpable, me remuerde la conciencia.

A continuación localizo ese sentimiento; me pregunto: ¿dónde, en concreto, noto ese sentimiento en mi cuerpo? Respuesta: por todas partes. ¿Pero dónde concretamente? En el cuello, en la garganta. Sí, allí lo noto con especial intensidad.

Seguidamente consulto en el libro qué puntos de acupresura me pueden ayudar cuando tengo molestias en la garganta. Los presiono y diez minutos más tarde me siento mucho mejor y me resulta más fácil ir a ver a mi amigo y hacer las paces.

Esto es justamente lo que yo hago cuando me enfado y siento una gran ira, cuando tengo miedo, he sufrido una decepción o sufro de mal de amores. Primeramente decido dónde se manifiesta ese sentimiento en el cuerpo y, a continuación, aplico acupresura a ese punto. De este modo siempre alcanzo una distensión física y espiritual.

Por ejemplo, cuando el miedo o el espanto parece que me ahogan, presiono el punto 1, tal como puede verse en la ilustración de las páginas 124 y 125 (dolores en la garganta).

Cuando noto los brazos como paralizados a resultas de un *shock* o de una sensación de impotencia, presiono los puntos 2 y 10 (dolores en el codo y en la muñeca), tal como se describe en las páginas 122 y 123.

En caso de que las piernas me fallen por el miedo y la desesperación presiono en el punto 6, tal como se recomienda en las páginas 144 y 145.

Cuando noto mucha tensión y dolor en la mandíbula, trato el punto de acupresura 6 que se indica en la página 125.

Resumen

A fin de eliminar sentimientos que nos atormentan, debemos seguir tres pasos:

■ Primero tomamos conciencia de aquello que nos pesa en el espíritu. Es un requisito imprescindible a fin de ser capaces de percibir la falta de armonía.

■ Seguidamente localizamos en el cuerpo el sentimiento. En cada caso nos preguntamos: ¿dónde siento esta ira, dolor, envidia, decepción o frustración?

■ Finalmente consultamos en el libro qué puntos de acupresura podemos presionar para tratar el lugar en cuestión.

Procesos de eliminación

En realidad no sabemos qué ocurre exactamente durante la acupresura en el ámbito celular. ¿Se provocan quizá reacciones químicas a través del campo de energía? Ésta es una pregunta que deberán aclarar futuras investigaciones.

Lo que sí se sabe es que en el cuerpo se liberan sustancias residuales que normalmente se eliminan por las vías previstas para ello: a través de la circulación sanguínea y los órganos excretorios. En ocasiones estos procesos se reflejan en un mal aliento o un especial hedor de las heces.

Para facilitar la tarea a la circulación sanguínea durante la acupresura respire profunda y regularmente, ya que de este modo aumentará el intercambio de gases en los pulmones. Asimismo puede facilitar la tarea de los órganos excretorios bebiendo mucho antes y después de la acupresura, preferentemente agua mineral o infusiones.

Otro sistema de evacuación del organismo son las vías linfáticas, que recogen y transportan sustancias ya utilizadas y perjudiciales. A fin de activarlas ejerza presión sobre el punto de acupresura linfático situado en el pulgar (véanse, por ejemplo, las indicaciones del punto 9 en la página 125).

La reestructuración del campo oscilatorio del cuerpo

La aplicación continuada y consecuente de la acupresura en los puntos situados en los meridianos consigue armonizar la totalidad del cuerpo oscilatorio. De este modo los órganos pueden desempeñar mejor su función; la circulación, el metabolismo y el sistema inmunitario trabajan de manera óptima; los bloqueos son cada vez menos frecuentes; el cuerpo se refuerza, gana capacidad de adaptación y, en general, está más sano.

El tratamiento de las molestias

Indicaciones de lectura

Primeramente busque en el índice la dolencia que padece. Una vez localizada la página correspondiente, encontrará párrafos de texto numerados de 1 a 14. Cada párrafo se refiere a un punto señalado en color rojo en los dibujos de la página doble y al que se asigna el mismo número. Es el punto de acupresura sobre el que el texto ofrece indicaciones precisas.

No es preciso que trabaje todos los puntos relacionados con un cuadro patológico. Seleccione aquellos que encuentre más fácilmente o con los que obtenga mejores resultados. Repita el tratamiento varias veces. Si sufre síntomas distintos, por ejemplo insomnio y dolor de cabeza, busque los puntos vinculados a ambos problemas.

Primeros auxilios

Todos los dolores pueden tratarse presionando sobre cuatro importantes puntos de acupresura que se indican en la página 83 bajo el título de «Primeros auxilios». Es aconsejable aprender de memoria a localizarlos para casos de emergencia.

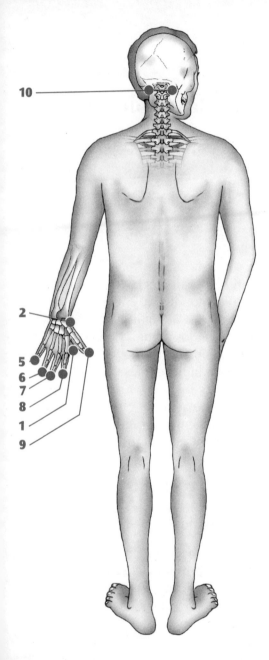

Alergias

1. El punto 1 se localiza por debajo del nudillo, en la inserción del dedo índice con la mano por el lado del pulgar. Presione 2 minutos contra el hueso. Repita en la otra mano.

2. El punto 2 está por debajo del pulgar, al final de la estría de la muñeca. Presione este punto con el pulgar de la otra mano 2 o 3 minutos. Repita en la mano contraria.

3. Para encontrar el punto 3 coloque la mano sobre la mesa con el dorso hacia arriba. En el extremo externo del pliegue del codo localice por el tacto un punto sensible a la presión. Actúe sobre él durante 1 minuto.

4. Este punto está situado en la rótula. Localice el borde superior de la rótula (mejor si está sentado) y desplácese un poco hacia dentro. Donde termina la rodilla notará una depresión entre los huesos. Presione aquí unos 3 minutos, a ser posible en ambas rodillas al mismo tiempo.

Presione los puntos 1 a 4 tres veces al día

Molestias de la edad

5 al 9. Estos puntos se hallan en las puntas de los dedos. Primero presione fuertemente la punta del dedo meñique con el pulgar y el índice de la otra mano y empuje. Haga lo mismo por debajo de la punta, en la segunda falange y en la primera falange del meñique. Repita este procedimiento en todos los demás dedos. Cada meridiano está unido a un meridiano distinto, por lo que de este modo se logra un efecto estimulante muy amplio.

10. Está situado en el borde superior de la nuca. Tápese la oreja con la palma de la mano y con la punta de los dedos sentirá el haz de músculos que sube verticalmente desde la nuca hasta la región occipital. Palpe un poco hacia afuera, en dirección a la oreja, y notará una depresión entre el occipucio y el músculo que va hacia la oreja. Percibirá asimismo el borde inferior del hueso occipital. Presione este punto simultáneamente a ambos lados medio minuto.

Muchos puntos de acupresura son sensibles a la presión

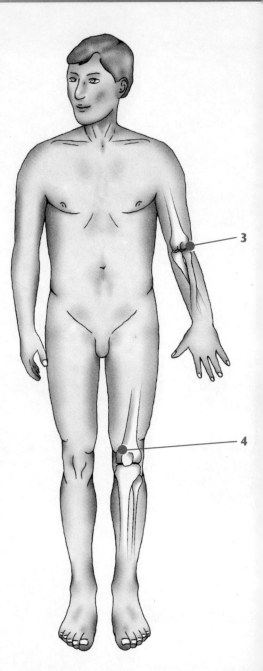

3

4

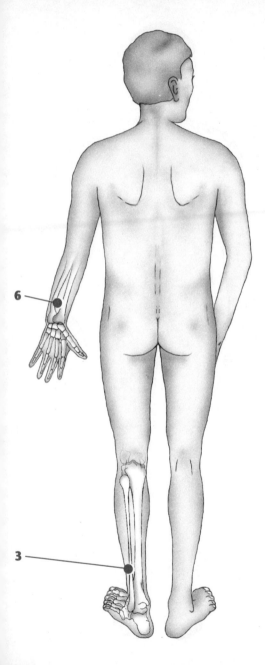

Abuso de alcohol

El alcoholismo no se cura sólo con la acupresura, pero puede servir de ayuda al afectado que decida solucionar su problema.

1. El punto 1 se localiza en la punta del dedo meñique. Coja la uña entre el pulgar y el índice de la otra mano por ambos lados a la altura del borde inferior y presione con fuerza unos 2 minutos. Repita en la mano contraria. Haga este ejercicio tres veces al día.

2. El punto 2 se encuentra en la raíz de la nariz entre ambas cejas. Presione este punto durante 1 minuto.

3. Este punto se localiza en la parte externa de la pierna. Desde el borde superior de la cara externa del tobillo (por atrás) mida cinco dedos hacia arriba y encontrará el punto de acupresura sensible a la presión. Ejerza presión sobre él, a ser posible en ambas piernas a la vez, durante 3 minutos.

Respire profunda y regularmente

Angina de pecho

Trabaje los puntos que se indican a continuación siempre que se presente el dolor y calmará el músculo del corazón. No obstante, una angina de pecho requiere atención médica continua.

4. Este punto se sitúa justo donde termina la mano y empieza la muñeca, en la depresión lateral situada por debajo del meñique. Presione suavemente con el pulgar unos segundos. Repita en la otra mano.

5. El punto 5 se localiza en el centro del esternón, donde se inserta por la derecha y por la izquierda la 4.ª costilla (¡al contar no incluya la clavícula!). Presione este punto 1 minuto con la punta del dedo corazón.

6. Se halla en el centro de la cara interna del antebrazo, tres dedos por encima de la frontera entre la mano y la muñeca. Lo encontrará colocando la punta del dedo anular en el centro del pliegue que se forma entre la mano y la muñeca, teniendo al lado el dedo corazón y el índice. La punta de este último quedará justo en el punto de acupresura, que deberá presionar 15 segundos. Repita en el otro brazo.

Trabaje los puntos señalados alternativamente

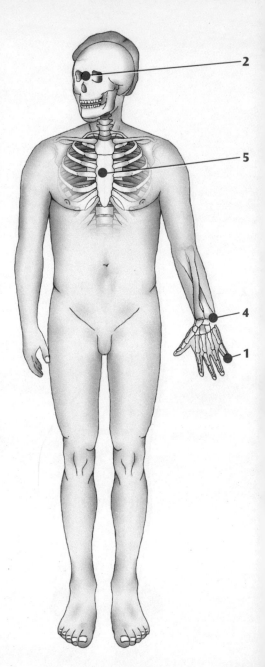

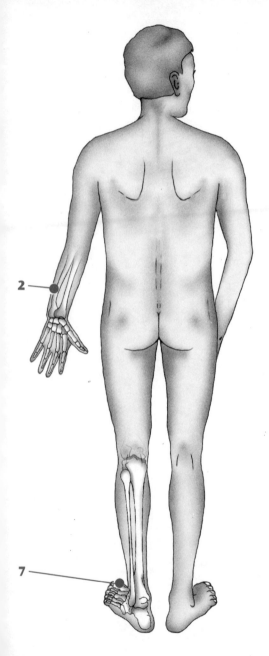

Miedo, angustia, pánico, inseguridad

Primero siéntese en una silla. Relájese y junte las piernas.

1. El punto 1 está en la parte externa de la pierna, cuatro dedos por debajo del centro del borde inferior de la rótula. Después de medir esta distancia, vaya un dedo más hacia afuera. Allí notará una depresión por debajo de la cabeza de la tibia, que es sensible a la presión. Ponga encima el dedo corazón y presione con fuerza algunos minutos. Repita este ejercicio varias veces al día.
2. Este punto se sitúa tres dedos por encima de la línea divisoria entre la mano y la muñeca, en el antebrazo por el lado del dedo meñique junto a un hueso, el cúbito. Presione este punto en cada brazo durante 1 minuto.

Durante el tratamiento
no pierda la concentración

Falta de apetito, anorexia

3. El punto 3 se localiza en la punta del meñique. Coja la uña entre el pulgar y el índice de la otra mano, a la altura del borde inferior, y presione con intensidad 2 minutos. Repita en la mano contraria. Haga este ejercicio tres veces al día.

4. El punto 4 se encuentra por encima del estómago. Busque el punto intermedio entre el ombligo y el extremo inferior del esternón. Presione oblicuamente desde abajo y sin excesiva intensidad durante 2 minutos.

5. Este punto lo encontrará más fácilmente si está sentado. Se halla justamente bajo la rótula en una pequeña depresión. Presione sobre las dos rodillas al mismo tiempo durante 2 minutos.

6. Para localizar el punto 6 trace una línea horizontal desde ambos tobillos hacia delante. Las líneas se cortarán en el medio del pie entre dos haces de músculos. Presione este punto en ambos pies brevemente pero repitiendo varias veces.

7. El punto 7 se localiza en la cara externa del dedo gordo del pie. Presione durante 1 minuto en la base de la uña sobre el hueso desde el lado. Repita en el otro pie.

Muchos puntos de acupresura se encuentran en cavidades

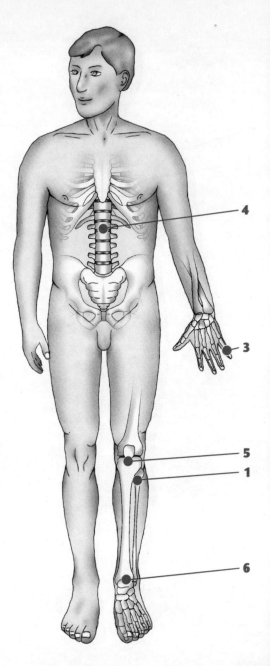

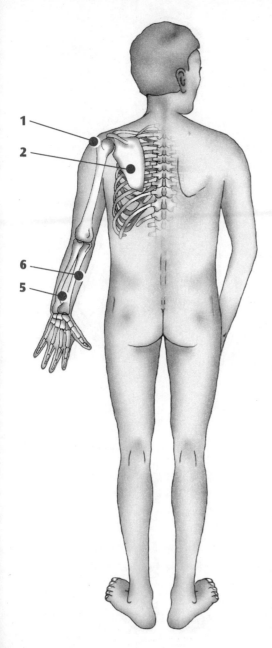

Artritis, artrosis

1. El punto 1 se encuentra en el hombro. Primero encuentre la punta más alta en el extremo externo del hombro y, palpando hacia dentro, notará justo al lado una concavidad. En ella se encuentra un punto sensible a la presión. Actúe sobre él medio minuto en cada lado.

2. El punto 2 está en los omóplatos, midiendo desde el centro un dedo hacia afuera en un punto sensible al dolor. Presiónelo 1 minuto en cada lado.

3. Este punto se halla en la cara externa de la rodilla, justo donde se encuentran la tibia y el fémur. Siéntese y notará claramente una acanaladura entre ambos huesos. En esta acanaladura, un dedo a un lado del borde inferior de la rótula, se encuentra el punto de acupresura 3. Presione fuertemente sobre él 2 minutos.

4. En el lado externo de la pierna mida cuatro dedos hacia abajo desde el borde inferior de la rótula. Mida entonces un dedo más hacia afuera y encontrará en una concavidad por debajo de la cabeza de la tibia un punto sensible a la presión. Coloque allí el dedo corazón y presione con energía 2 minutos.

Usted mismo notará cuándo parar

Asma

5. El punto 5 se localiza en la parte interna del antebrazo, por encima de la frontera entre la mano y la muñeca. Presione sobre este punto 15 segundos.

6. Este punto se halla también en el antebrazo pero más arriba. Coloque la mano abierta con la palma mirando hacia arriba. Desde el surco de la muñeca, por debajo del pulgar, mida siete dedos hasta encontrar sobre el hueso (radio) el punto de acupresura. Actúe sobre él 2 minutos y repita en el otro brazo.

7. El punto 7 se sitúa en el extremo superior del esternón, a la altura del punto de inserción de ambas clavículas. Presione suavemente este punto 10 segundos moviendo el dedo adelante y atrás.

8. Se encuentra sobre la clavícula en el punto en el que empieza a trazar una curva. Presione desde arriba este punto medio minuto y repita en la otra clavícula.

Repita cada día el tratamiento

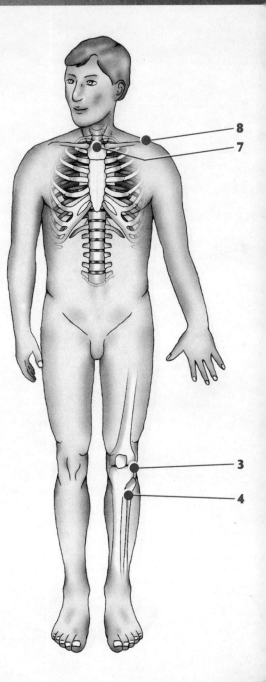

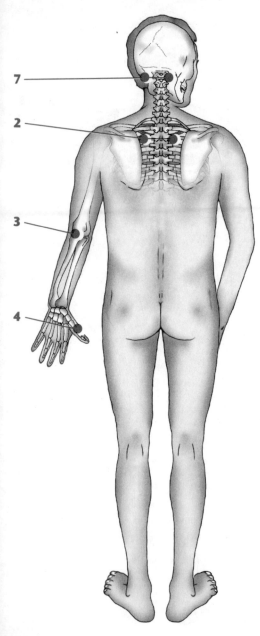

Disnea

1. El punto 1 está situado entre la 3.ª y la 4.ª costillas. Para encontrarlo cuente las costillas empezando desde abajo. Recuerde que la costilla inferior es muy corta, por lo que deberá empezar a contar muy al lado. Al llegar al espacio entre la 3.ª y la 4.ª costillas lleve el dedo todo lo que pueda hacia delante. Presione suavemente este punto a ambos lados durante 10 segundos varias veces al día.

2. Este punto está situado en la espalda. Palpe las dos vértebras cervicales que sobresalen especialmente y, seguidamente, localice la 3.ª vértebra subyacente. Desde allí mida dos dedos hacia afuera. Presione este punto a ambos lados durante 3 minutos.

3. El punto 3 se localiza en el codo. Flexione el brazo y coloque el dedo en el centro del pliegue del codo, donde notará un hueso. Vaya un dedo hacia afuera de modo que la punta del dedo quede junto al hueso. Presione este punto 2 minutos en cada brazo.

4. El punto 4 está en la parte externa de la uña del dedo pulgar. Presione con fuerza la base de la uña entre el pulgar y el índice de la otra mano durante 3 minutos.

El efecto no se suele notar hasta transcurridos de 10 a 15 minutos

Dolores en los ojos

5. Este punto se encuentra en el nacimiento de las cejas, cerca de la raíz de la nariz. Partiendo desde allí acaricie varias veces ambas cejas.

6. El punto 6 se encuentra justamente en la raíz de la nariz entre los primeros dos puntos. Con el pulgar y el índice pellizque suavemente la piel de ese punto y mueva los dedos varias veces arriba y abajo.

7. El punto 7 se sitúa en el borde superior de la nuca. Para encontrarlo tápese la oreja con la palma de la mano y con la punta de los dedos sentirá el haz de músculos que sube verticalmente desde la nuca hasta la región occipital. Palpe un poco hacia afuera, en dirección a la oreja, y notará una depresión entre el occipucio y el músculo que va hacia la oreja. Percibirá asimismo el borde inferior del hueso occipital. Presione este punto simultáneamente a ambos lados durante casi medio minuto.

8. El punto 8 se localiza en el pie. Desde el final del hueco entre el dedo gordo y el 2.° dedo mida dos dedos hacia el empeine. El punto de acupresura está en el surco entre los huesos y notará que lo ha encontrado porque es sensible al dolor. Presiónelo en ambos dedos durante 2 minutos.

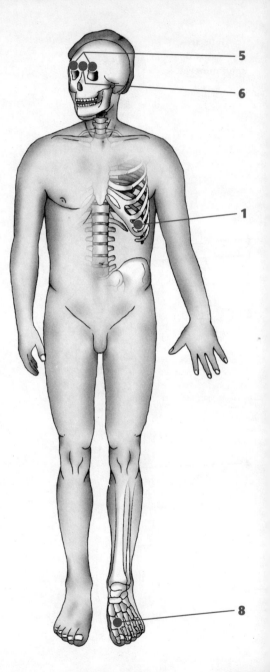

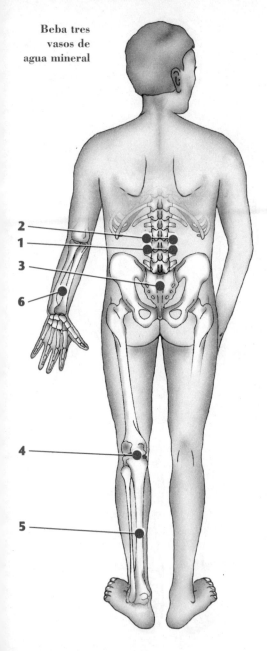

Beba tres
vasos de
agua mineral

2

1

3

6

4

5

Molestias en los discos intervertebrales

1. Para encontrar el punto 1 palpe la columna vertebral hasta localizar la vértebra situada a la altura del borde superior de la pelvis. Busque a derecha y a izquierda las apófisis espinosas de esta vértebra. Justo por encima está el punto de acupresura. Actúe sobre él durante 1 minuto.

2. Desde el punto 1 cuente dos vértebras más hacia arriba. Asimismo por encima de la apófisis espinal se encuentra el punto de acupresura 2. Presiónelo durante un minuto y medio.

3. A continuación recorra de nuevo la columna vertebral hacia abajo hasta encontrar una lámina ósea cerrada: es el sacro. Justo en el centro del hueso sacro hay una pequeña depresión en la que se localiza el punto de acupresura. Presione con fuerza sobre él 2 minutos.

4. El punto 4 se halla en el centro de la corva. Manteniendo la rodilla un poco flexionada presione este punto en ambas piernas a la vez durante 1 minuto.

5. El punto 5 se localiza en el lado posterior de la pantorrilla, justo entremedio de la corva y el tobillo, en una depresión entre los dos grandes músculos de la pierna. Presione este punto durante 1 minuto, a ser posible en las dos piernas simultáneamente.

Espasmos en el abdomen

6. El punto 6 está en la cara interna del antebrazo, tres dedos por encima de la frontera entre la mano y la muñeca. Para localizarlo coloque la punta del dedo anular en el centro del surco que se forma entre mano y muñeca, de modo que el pulgar y el índice queden al lado. Entonces, la punta del dedo índice estará justamente sobre el punto de acupresura. Presiónelo durante 15 segundos y repita en el otro brazo.

7. Este punto se encuentra en la cara externa de la pierna, cuatro dedos por debajo del centro del borde inferior de la rótula. Después de medir esta distancia, vaya un dedo más hacia afuera. Allí notará una concavidad por debajo de la cabeza de la tibia, que es sensible a la presión. Ponga dentro el dedo corazón y presione con fuerza durante 2 minutos.

8. El punto 8 se sitúa tres dedos a un lado del ombligo. Presione este punto medio minuto.

9. El punto 9 está justamente dos dedos por debajo del ombligo. No lo presione más de medio minuto.

Respire profunda y regularmente

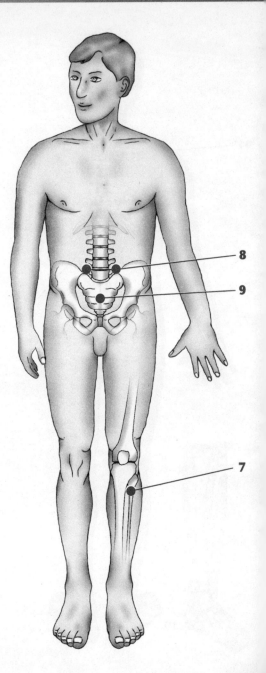

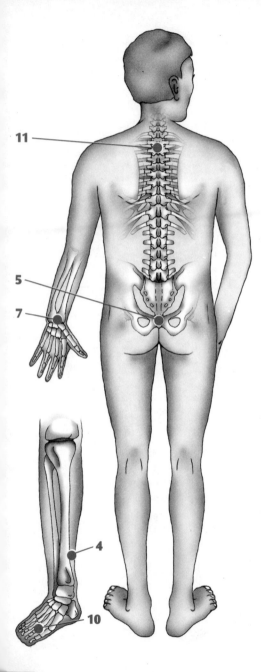

Incontinencia nocturna, debilidad de vejiga, enuresis

1. El punto 1 se halla en el abdomen, dos dedos por debajo del ombligo. Masajee suavemente este punto con la punta del dedo corazón durante 1 minuto.

2. El punto 2 está situado cuatro dedos por debajo del ombligo. Coloque encima el dedo índice o corazón y vaya aumentando y disminuyendo paulatinamente la presión durante 1 minuto en total.

3. Este punto se localiza seis dedos por debajo del ombligo. Proceda del mismo modo que en los puntos 1 y 2.

4. El punto 4 se halla una mano de anchura por encima de la parte interna del tobillo. En el centro de la cara interna de la pierna notará un hueso, la tibia. El punto de acupresura está justamente detrás de este hueso. Masajéelo durante 10 segundos. (Si trata a un niño tome como unidad de medida la mano del niño y no la suya.)

5. El punto 5 está en el coxis, en el último hueso que se percibe al tacto. Presione este punto durante 10 segundos.

Hipertensión arterial, hipertonía

6. El punto 6 se localiza en la base de la uña del dedo corazón, en el lado más próximo al pulgar. Presione este punto en ambos dedos corazón durante 5 minutos.

7. Este punto se halla en el lado interno de la muñeca, justo por encima del hueso del carpo en el centro del surco de la articulación. Presione los puntos a ambos lados.

8. El punto 8 se encuentra en el pliegue del codo, exactamente entre el final del pliegue y el extremo del húmero. Presiónelo durante 1 minuto.

9. El punto 9 está dos dedos por debajo de la rótula y dos dedos hacia afuera. Presiónelo con intensidad moderada durante 3 minutos.

10. Para fijar este punto mida dos dedos hacia el empeine desde el final del hueco entre el dedo gordo del pie y el 2.º dedo. Presione este punto durante 2 minutos.

11. Primero localice las vértebras cervicales que sobresalen especialmente. En la depresión situada por debajo de la inferior está el punto de acupresura. Presiónelo durante 2 minutos.

Notará cómo cada vez localiza más fácilmente el punto correcto

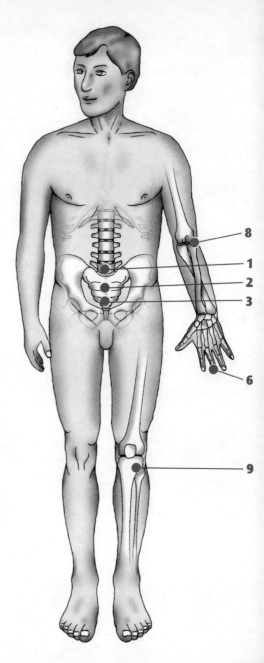

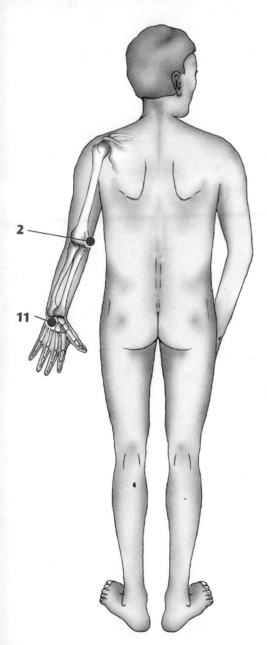

2

11

Bronquitis

1. El punto 1 se encuentra en el centro del cuerpo, por encima del extremo superior del esternón en una depresión entre los puntos de inserción de ambas clavículas. Presione suavemente durante 1 minuto.

2. El punto 2 se localiza en el pliegue del codo por el lado del pulgar, en una concavidad entre el húmero y el músculo que discurre paralelamente a éste. Presione este punto con fuerza durante 1 minuto.

3. Este punto se halla a un dedo y medio (de anchura) por debajo de la clavícula y a dos dedos y medio a un lado de los huesos que forman la articulación del húmero. Presione durante 1 minuto.

4. El punto 4 está en una pequeña prominencia del esternón a la altura de la 4.ª costilla contando desde arriba. Coloque el dedo corazón sobre esta prominencia y empuje cuidadosamente la piel arriba y abajo.

5. El punto 5 se encuentra justo por debajo del esternón, en el tejido muscular. Golpéelo suavemente durante 5 segundos varias veces al día.

Muchos puntos de acupresura están situados en una concavidad o en un surco

Estados depresivos

6. El punto 6 se sitúa por debajo de la rodilla. Mida dos dedos hacia abajo desde el borde inferior de la rótula y entonces otro dedo hacia afuera. El punto de acupresura está en el borde de la cabeza de la tibia. Presiónelo con fuerza moderada durante 3 minutos.

7. El punto 7 se encuentra en el medio del tarso, en el punto más alto del empeine antes de que se inserten la tibia y el peroné. Notará una ligera depresión. Presione fuertemente durante 3 minutos.

8. Este punto se localiza junto a la base de la uña del dedo corazón por el lado del índice. Sienta dónde está situado exactamente el punto de presión y púlselo durante 10 segundos.

9. Repítalo en el mismo punto del dedo anular.

10. Este punto está entremedio de las cejas. Presiónelo con fuerza moderada durante 2 minutos, manteniendo los músculos faciales relajados.

11. El punto 11 se halla en la cara interna de la muñeca, en el pliegue de flexión. Para encontrarlo prolongue verticalmente hacia arriba, en la palma de la mano, el hueco entre el meñique y el anular hacia el pliegue de flexión. Presione este punto con intensidad moderada durante 1 minuto.

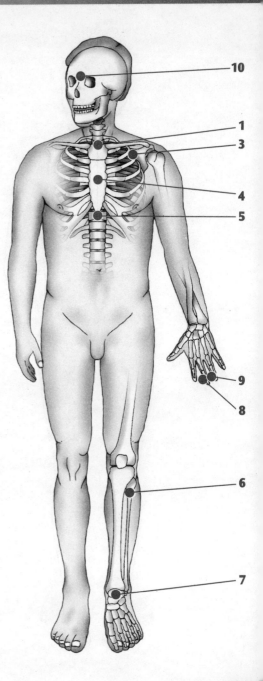

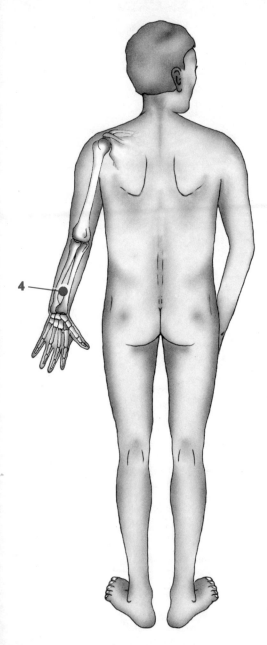

Diabetes mellitus

1. El punto 1 se localiza por debajo del labio inferior. Presione este punto de manera pulsátil varias veces al día durante 10 segundos con la punta del pulgar o del índice.

2. Este punto se encuentra en el nacimiento de la ceja. Presione ambos lados simultáneamente durante medio minuto ejerciendo una fuerza moderada.

3. Busque en el pliegue de piel entre el pulgar y el índice el punto más interno y, asimismo, lo más próximo posible al índice, aunque sin coger músculo. Presione este punto entre el pulgar y el índice de la mano contraria durante 1 minuto.

4. El punto 4 está situado en la cara interna del antebrazo, tres dedos por encima del pliegue de la muñeca, en una depresión entre los músculos. Presione con intensidad moderada durante 1 minuto.

5. El punto 5 está en el lado externo de la pierna cuatro dedos por debajo del borde inferior de la rótula. Desde allí mida otro dedo hacia afuera y notará una depresión por debajo de la cabeza de la tibia, que es sensible a la presión. Ponga dentro el dedo corazón y presione con fuerza durante 2 minutos.

El emplazamiento del punto 3 se denomina «valles unidos»

Trastornos circulatorios, pies fríos

6. Coja la base de la uña del dedo corazón entre el pulgar y el índice y presione con fuerza desde ambos lados durante medio minuto.

7. El punto 7 se localiza en la cara interna de la pierna tres dedos por encima del tobillo (es un punto sensible al dolor). A esta altura notará una depresión entre dos haces de músculos perpendiculares. Presione este punto en ambas piernas durante 1 minuto.

8. Este punto está por encima de la raíz de la nariz entremedio de las cejas. Presione con fuerza 3 minutos varias veces al día.

9. El punto 9 se localiza en el borde superior del hombro, tres dedos desde la inserción del cuello. Levante los hombros y notará cómo se forma una depresión entre la clavícula y el músculo que discurre paralelamente a ésta. Presione con fuerza sobre este punto a ambos lados durante 1 minuto. Deje ir lentamente y espere hasta que el hombro se relaje.

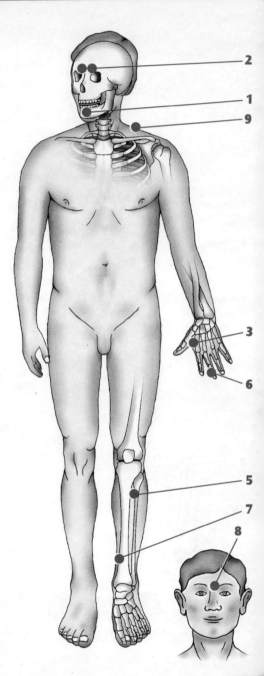

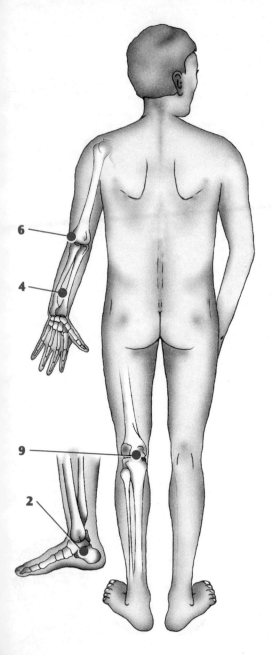

Diarrea

1. El punto 1 se encuentra dos dedos por debajo del ombligo. Presiónelo con intensidad moderada durante 1 minuto.

2. Para fijar el punto 2 mida dos dedos hacia abajo desde la cara interna del tobillo. Allí notará una depresión por encima del músculo del talón. Presione fuertemente este punto con el pulgar durante 2 minutos.

3. Busque en el pliegue de piel entre el pulgar y el índice el punto más interno y, asimismo, lo más próximo posible al índice, aunque sin coger músculo. Presione este punto entre el pulgar y el índice de la mano contraria durante 1 minuto.

4. El punto 4 está situado en el medio de la parte interna del antebrazo, tres dedos por encima de la frontera entre la mano y la muñeca. Presione durante 20 segundos este punto. Repita en el otro brazo.

5. Coja la base de la uña del dedo índice entre el pulgar y el índice de la otra mano y presione con fuerza desde ambos lados durante medio minuto.

Eccemas

6. Con el antebrazo flexionado el punto 6 está en el extremo externo del pliegue del codo. Presiónelo varias veces al día durante 2 minutos.

7. El punto 7 se localiza en la cara externa del antebrazo, seis dedos por encima del pliegue visible en la muñeca, entre el cúbito y el radio. Presione este punto durante medio minuto en cada brazo.

8. Este punto está tres dedos por encima del borde superior de la rótula, un dedo desde el centro hacia dentro. Presiónelo con fuerza durante 2 minutos.

9. El punto 9 está situado en el centro de la corva. Al presionar con fuerza notará el pulso. Sin flexionar demasiado la pierna presione este punto durante 1 minuto en ambas piernas a la vez.

10. El punto 10 se encuentra en la raíz de la nariz a igual distancia del nacimiento de las cejas. Presiónelo con fuerza durante 2 minutos.

Procure trabajar siempre concentrado

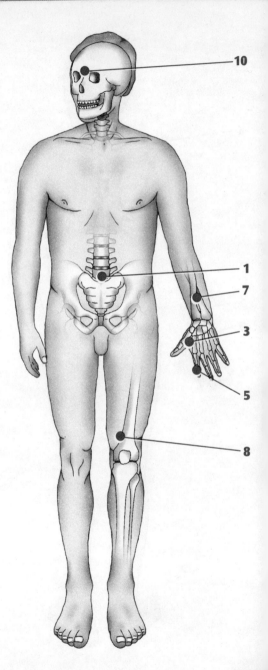

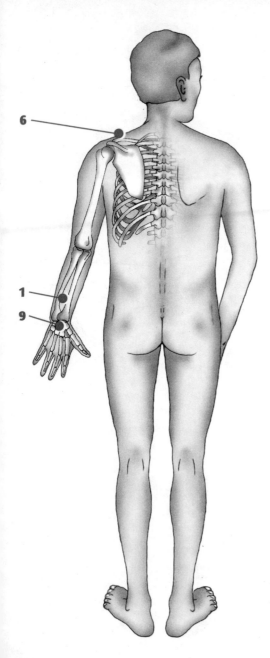

Vómitos, indigestión ligera, náuseas

1. El punto 1 se encuentra en la cara interna del antebrazo, a cuatro dedos del surco de la muñeca entre el hueso externo (radio) y un haz de tendones más interno. Presione suavemente de manera pulsátil durante 20 segundos.

2. Este punto se localiza en el borde inferior externo de la rótula, en una depresión. Presiónelo en ambas rodillas durante medio minuto.

3. El punto 3 está justamente entremedio del extremo inferior del esternón y el ombligo. Presiónelo con suavidad durante 1 minuto.

4. Desde el talón baje hasta la frontera entre la planta del pie y el lado del mismo hasta encontrar el metatarso, delante del dedo gordo del pie. El punto de acupresura se localiza en una depresión ante el hueso. Presiónelo suavemente medio minuto.

5. El punto 5 se encuentra en la cara externa del antebrazo tres dedos por encima del pliegue de la muñeca visible por la parte externa, en la depresión entre el cúbito y el radio. Presione este punto con suavidad durante medio minuto.

Usted mismo notará cuándo parar

Resfriado, catarro

6. Con el antebrazo flexionado busque una depresión en la cresta del hombro entre el cuello y la articulación del húmero. Presione el punto de acupresura situado en esta depresión y empuje la piel a un lado y a otro durante 30 segundos.

7. El punto 7 se localiza en el pliegue naso-labial, justo por debajo del extremo inferior de la aleta nasal. Desde allí presione de manera ligeramente pulsátil a ambos lados contra la aleta nasal durante 30 segundos.

8. Este punto se encuentra en la cara interna del antebrazo, a cuatro dedos del surco de la muñeca entre los dos tendones que discurren perpendiculares. Presione este punto durante medio minuto en cada brazo.

9. El punto 9 está en la parte interna de la muñeca justo en el centro. Busque una ligera prominencia y presione este punto durante 3 minutos en cada mano.

10. Busque en el pliegue de piel entre el pulgar y el índice el punto más interno y, asimismo, lo más próximo posible al índice, aunque sin coger músculo. Presione este punto entre el pulgar y el índice de la mano contraria durante 1 minuto.

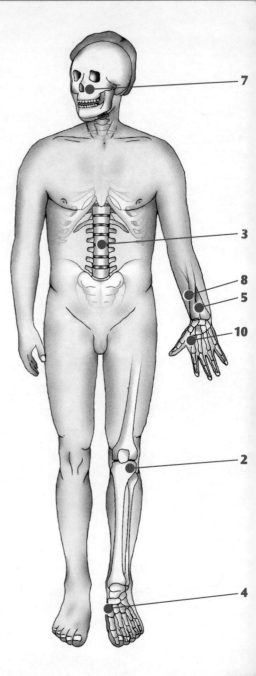

Fatiga, cansancio general

1. Con el cuello inclinado busque las dos vértebras cervicales que sobresalen especialmente. Desde allí baje hasta la tercera vértebra y notará una depresión, donde se sitúa el punto de acupresura. Presiónelo durante 1 minuto.

2. El punto 2 está justamente en el centro del lóbulo de la oreja. Friccione ambos lóbulos con movimientos circulares en el sentido de las agujas del reloj durante medio minuto.

3. Este punto se sitúa cuatro dedos por debajo del ombligo. Presiónelo suavemente durante medio minuto.

4. Busque en el pliegue de piel entre el pulgar y el índice el punto más interno y, asimismo, lo más próximo posible al índice, aunque sin coger músculo. Presione este punto entre el pulgar y el índice de la mano contraria durante 1 minuto.

5. En la cara externa de la pierna mida hacia abajo cuatro dedos desde el borde inferior de la rótula. Mida un dedo más hacia afuera y notará una depresión por debajo de la cabeza de la tibia, que es sensible a la presión. Ponga dentro el dedo corazón y presione con fuerza durante 2 minutos.

El punto 1 permite eliminar la fatiga

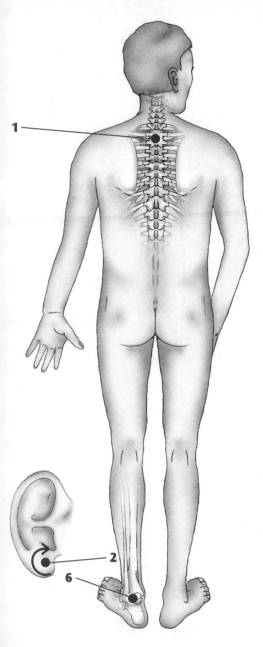

Primeros auxilios

4. Busque en el pliegue de piel entre el pulgar y el índice el punto más interno y, asimismo, lo más próximo posible al índice, aunque sin coger músculo. Presione este punto entre el pulgar y el índice de la mano contraria durante 1 minuto.

5. En la cara externa de la pierna mida cuatro dedos hacia abajo desde el borde inferior de la rótula. Desde allí vaya un dedo más hacia afuera y notará una depresión por debajo de la cabeza de la tibia, que es sensible a la presión. Ponga dentro su dedo corazón y presione con fuerza durante 2 minutos.

6. Desde la cara externa del tobillo vaya horizontalmente hacia afuera. A medio camino de la parte posterior del pie encontrará el punto de acupresura en una hendidura. Presiónelo durante 2 minutos.

7. El punto 7 se sitúa en el empeine. Al doblar los dedos del pie verá un hueso que sobresale por encima del dedo gordo, la 1.ª articulación interfalángica. Desde allí mida dos dedos en dirección a la pierna y encontrará justo al lado del hueso (hacia el medio del pie) una depresión en la que se localiza el punto de acupresura. Presiónelo durante 1 minuto.

Apréndase estos puntos de memoria

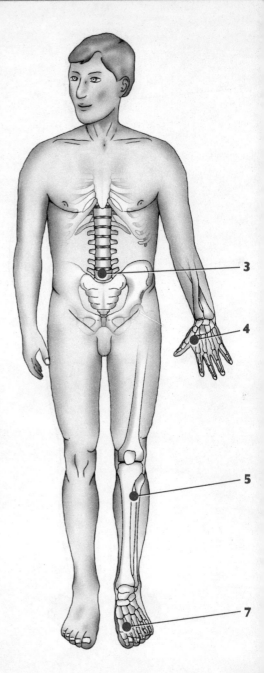

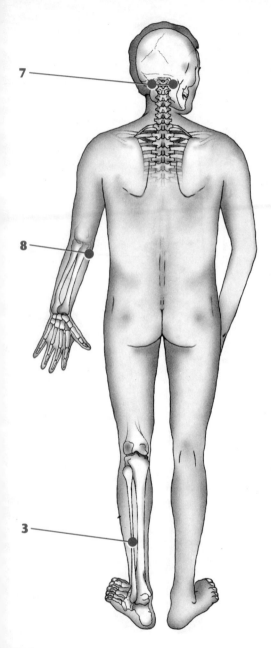

7

8

3

Molestias de la vesícula biliar

1. El punto 1 está situado en el empeine. Al doblar los dedos del pie verá un hueso que sobresale por encima del dedo gordo, la 1.ª articulación interfalángica. Desde allí mida dos dedos en dirección a la pierna y encontrará justo al lado del hueso (hacia el medio del pie) una depresión en la que se localiza el punto de acupresura. Presiónelo durante 1 minuto.

2. El punto 2 se localiza un dedo y medio (de anchura) por encima del punto medio entre las cejas. Presione ambos puntos simultáneamente durante 4 o 5 minutos.

3. Este punto está en un lado de la pierna, siete dedos por encima de la parte externa del tobillo, en el surco formado entre la tibia y el peroné. Se distingue porque es sensible a la presión. Presiónelo en ambas piernas durante 2 minutos.

4. El punto 4 se encuentra entre el 3.° y el 4.° dedo del pie, justo donde termina el hueco entre ellos y empieza el pliegue de piel. Presione este punto durante medio minuto en cada pie.

Empezará a notar el efecto transcurridos de 10 a 15 minutos

Gripe, infección gripal

5. El punto 5 está por encima de la raíz de la nariz, entremedio del nacimiento de las cejas. Toque este punto suavemente durante 1 minuto.

6. Este punto se halla por debajo de la clavícula, justo al lado del esternón en una concavidad. Presione con fuerza moderada en ambos lados durante 1 minuto.

7. El punto 7 se localiza por debajo del borde inferior del cráneo, cuatro dedos a la derecha y a la izquierda del medio de una depresión entre dos haces de músculos perpendiculares. Coloque los dedos sobre estos puntos y presione simultáneamente en ambos lados durante 1 minuto. Vaya aumentando paulatinamente la presión y vaya reduciéndola también paulatinamente.

8. Se encuentra en el extremo externo del pliegue del codo. Coloque su mano sobre el pecho y con la otra mano palpe el extremo del pliegue del codo hasta determinar un punto por encima de la articulación. Presiónelo con fuerza en ambos lados durante 1 minuto.

Repita este tratamiento varias veces al día

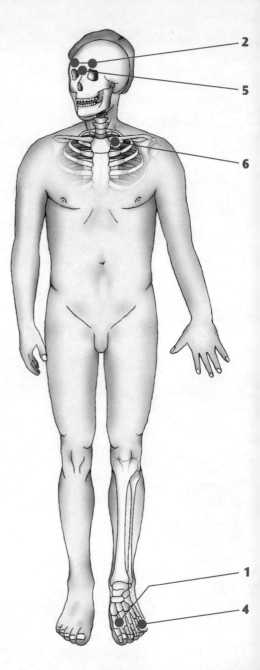

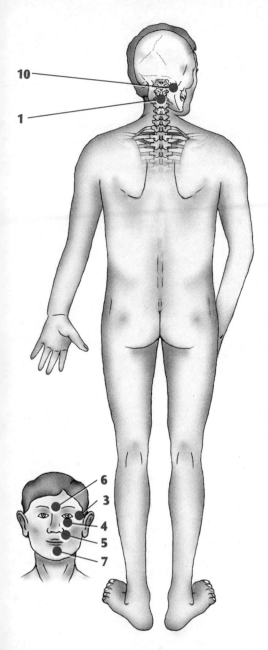

Arrugas faciales

1. El punto 1 está en la nuca, en el centro de la línea de inserción del pelo. Presiónelo firmemente pero con intensidad moderada durante 20 segundos varias veces al día.

2. Los puntos siguientes se encuentran alrededor de la glándula tiroides. Dicha glándula está situada en el centro del cuello, no exactamente por debajo del mentón sino algo más abajo. Dibuje en su mente un círculo alrededor del tiroides y vaya dando suaves toques con el dedo siguiendo ese círculo imaginario.

3. El punto 3 se localiza en el ángulo externo del ojo, en la depresión interna situada junto al hueso. Presione con firmeza este punto en ambos ojos durante 6 segundos varias veces al día.

4. Este punto se localiza por debajo del centro del ojo, en el borde superior del pómulo. Presiónelo en ambos ojos durante 8 segundos varias veces al día.

5. El punto 5 está en la depresión situada junto al extremo externo inferior de la aleta de la nariz. Presione ambos puntos durante 7 segundos varias veces al día.

6. Este punto se encuentra por encima de la raíz de la nariz, entremedio del nacimiento de las cejas. Presiónelo con fuerza durante 1 minuto.

7. El punto 7 se localiza en la depresión del mentón por debajo del labio inferior. Presiónelo con fuerza durante 1 minuto.

Dolor de garganta, laringitis, afonía

8. El punto 8 está situado junto al borde inferior interno de la uña del pulgar. Presione con intensidad moderada durante 3 minutos varias veces al día.

9. Busque en el pliegue de piel entre el pulgar y el índice el punto más interno y, asimismo, lo más próximo posible al índice, aunque sin coger músculo. Presione este punto entre el pulgar y el índice de la mano contraria durante 2 minutos.

10. El punto 10 se halla dos dedos por debajo del lóbulo de la oreja sobre un haz de músculos perpendicular (sensibilidad a la presión). Presione este punto sin ejercer fuerza excesiva a ambos lados de la cabeza durante 1 minuto.

11. Este punto se encuentra junto a la base de la uña del dedo anular en el lado más cercano al meñique. Presiónelo con intensidad moderada durante 1 minuto.

12. Estos puntos se localizan justo por debajo de la clavícula, en una depresión delimitada a derecha e izquierda por el esternón. Presiónelos con intensidad moderada durante 2 minutos.

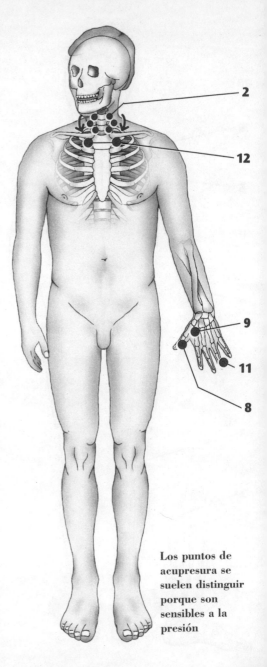

Los puntos de acupresura se suelen distinguir porque son sensibles a la presión

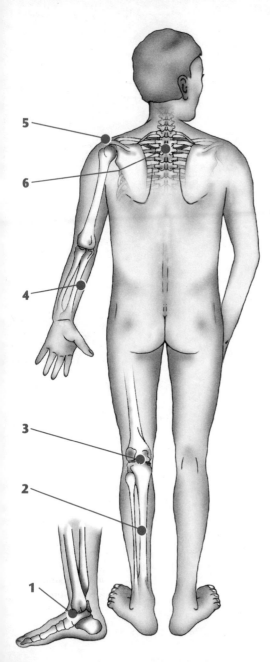

Hemorroides

1. El punto 1 está junto al extremo inferior del tarso por su parte anterior, es decir, en el lado del dedo gordo. Presione este punto en ambos pies durante 8 minutos.

2. El punto 2 se localiza en el centro de la pantorrilla, en una depresión equidistante de la corva y del tobillo. Note cómo el músculo de la pantorrilla se ramifica hacia la derecha y la izquierda de dicha depresión. Presione con fuerza este punto simultáneamente en ambas piernas durante 5 minutos.

3. Este punto se encuentra en el centro de la corva. Presione con fuerza y notará el pulso. Flexione ligeramente la rodilla y presione el punto de acupresura en ambas piernas a la vez durante 2 minutos.

4. El punto 4 está en la cara interna del antebrazo por encima del pulgar. Mida siete dedos desde el surco de la muñeca hacia arriba. En una depresión plana junto al radio se encuentra el punto de acupresura. Presiónelo en ambos brazos durante 2 minutos varias veces al día.

5. Al levantar el brazo, en el extremo externo del hombro se forma una concavidad. Allí se localiza el punto 5. Presiónelo con fuerza durante 6 minutos.

Erupción cutánea, acné, granos

6. Primero palpe las dos vértebras cervicales que sobresalen especialmente al inclinar la cabeza. Por debajo de la inferior notará una depresión donde se encuentra el punto de acupresura. Presiónelo durante 2 minutos.

7. El punto 7 se halla en la cara externa del codo. Desde el extremo externo del pliegue interno del codo palpe hasta encontrar un hueso. Allí está el punto de acupresura. Presiónelo de manera pulsátil durante 10 segundos.

8. El punto 8 se localiza tres dedos por encima del borde superior de la rótula y desde allí un dedo hacia el interior. Este punto reacciona con dolor a la presión. Presiónelo durante 5 minutos en cada rodilla.

9. Para fijarlo mida cuatro dedos por debajo del ombligo y dos dedos hacia el exterior. Presiónelo con suavidad durante 1 minuto.

10. El punto 10 se sitúa en la cara externa del antebrazo, seis dedos por encima de la muñeca, en el surco entre el radio y el cúbito. Aplique sobre él una presión firme y constante durante 3 minutos en cada brazo.

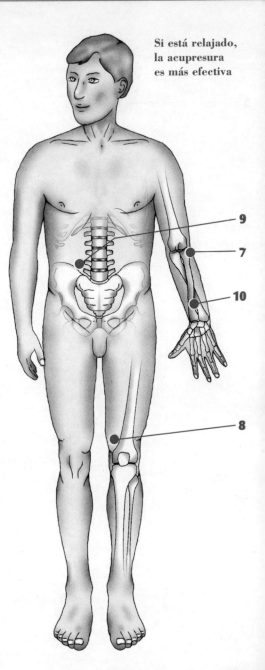

Si está relajado, la acupresura es más efectiva

9

7

10

8

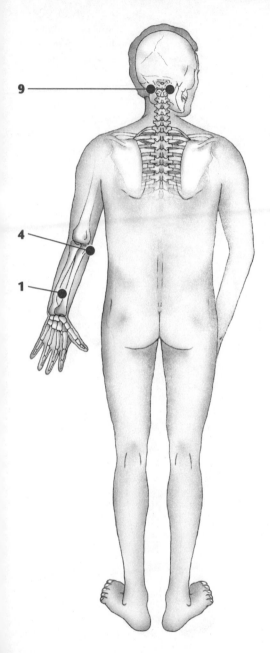

Molestias cardíacas

1. El punto 1 se encuentra tres dedos por encima del pliegue de la muñeca en la cara interna del antebrazo. En el centro notará un surco vertical entre dos tendones. Presione ese punto con fuerza durante 2 minutos en cada brazo.

2. Este punto se halla por debajo del extremo inferior del esternón, justo donde empieza la «parte blanda». Presione sobre él durante 20 segundos varias veces al día.

3. El punto 3 se localiza junto a la base de la uña del dedo corazón por el lado más próximo al pulgar. Presiónelo con intensidad moderada durante 1 minuto.

4. Este punto se halla en la cara interna del codo. Palpe hasta encontrar el extremo externo del pliegue del codo. Presione sobre este punto alternativamente en el brazo derecho e izquierdo.

Proceda siempre con delicadeza

Fiebre del heno

5. El punto 5 está situado en el extremo inferior externo de la aleta nasal. Presiónelo en ambos lados durante 2 minutos incrementando paulatinamente la presión.

6. Este punto se halla en el nacimiento de la ceja. Presione ambos puntos simultáneamente durante 3 minutos varias veces al día sin ejercer demasiada fuerza.

7. Busque en el pliegue de piel entre el pulgar y el índice el punto más interno y, asimismo, lo más próximo posible al índice, aunque sin coger músculo. Presione este punto entre el pulgar y el índice de la mano contraria durante 2 minutos.

8. El punto 8 se localiza ante el borde anterior de la oreja sobre el hueso que sobresale. Presione ambos lados durante 10 segundos varias veces al día.

9. Este punto se encuentra en la parte posterior del cuello un dedo por debajo del borde inferior del cráneo y dos dedos a un lado del centro de la columna vertebral. Presiónelo durante 1 minuto.

10. El punto 10 está en la cara externa de la pierna cuatro dedos por debajo del centro del borde inferior de la rótula y un dedo hacia afuera. Coloque encima el dedo corazón y presione con fuerza durante 2 minutos en cada pierna.

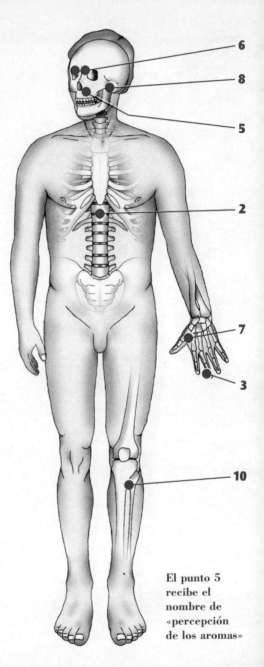

El punto 5 recibe el nombre de «percepción de los aromas»

Antes y despúes
de cada sesión
beba un vaso
de agua

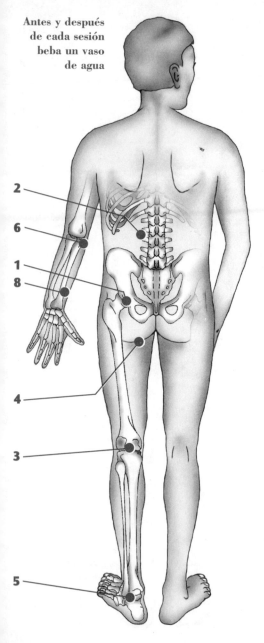

Lumbago

1. Busque el borde superior del pubis. Trace desde allí una línea horizontal hacia atrás que envuelva el cuerpo. El punto de acupresura está en la zona glútea a seis dedos del centro de la columna vertebral. Presione fuertemente a ambos lados durante 5 minutos.

2. Localice en la espalda la vértebra situada a la altura del borde superior de la pelvis. Suba entonces otra vértebra. Por encima de la apófisis espinosa lateral de dicha vértebra se encuentra el punto a estimular, a dos dedos de la línea media de la columna vertebral. Presiónelo fuertemente a ambos lados durante 2 minutos.

3. El punto 3 está situado en el centro de la corva. Flexione ligeramente la rodilla y presione durante 1 minuto este punto en ambas piernas al mismo tiempo.

4. Este punto se encuentra justo en el centro del pliegue entre el muslo y las nalgas, donde se percibe el hueso. Presione sobre él durante 5 minutos.

5. Trace una línea horizontal hacia atrás desde el centro del borde posterior del tobillo en la cara interna del pie. El punto de acupresura está situado exactamente entre el borde del tobillo y la base del talón. Presione con intensidad durante 4 minutos.

Tos

6. El punto 6 se localiza en la cara interna del codo. Palpe hasta encontrar el extremo externo del pliegue del codo. Presione sobre este punto alternativamente en el brazo derecho e izquierdo.

7. Palpe el borde inferior de la clavícula en dirección al hombro hasta encontrar un hueso. Desde allí mida dos dedos por debajo de la clavícula y localizará el punto de acupresura. Presiónelo con fuerza durante 2 minutos.

8. El punto 8 se encuentra en la cara externa del antebrazo, tres dedos por encima del surco de la muñeca, entre el cúbito y el radio. Presione este punto con intensidad moderada durante 2 minutos.

9. Recorra el pliegue interno de la muñeca hacia el dedo pulgar y en la cara externa del hueso hallará el punto de acupresura. Presiónelo con intensidad moderada durante 2 minutos.

10. Por encima del esternón, entremedio de las dos clavículas, existe una fosa. Presione el punto que se encuentra allí durante 2 minutos.

Cada vez le costará menos notar dónde están los puntos de presión

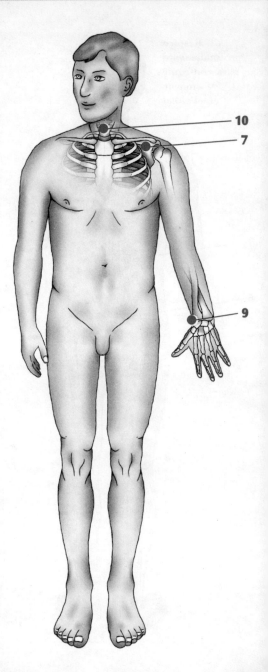

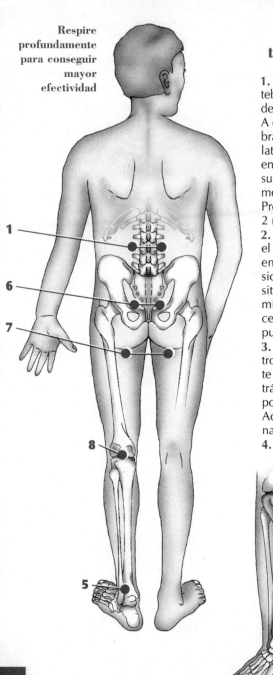

Respire profundamente para conseguir mayor efectividad

Impotencia, trastornos eréctiles

1. Busque en la espalda la vértebra que se halla a la altura del borde superior de la pelvis. A continuación vaya una vértebra más arriba. En el extremo lateral de la apófisis espinosa se encuentra el punto de acupresura, a dos dedos de la línea media de la columna vertebral. Presiónelo con fuerza durante 2 minutos.

2. Flexione la rodilla y verá en el borde inferior de la misma un engrosamiento muscular. Presione con el dedo la depresión situada por debajo del engrosamiento y notará la tibia adyacente. Presione con fuerza este punto durante 1 minuto.

3. El punto 3 se encuentra cuatro dedos por encima de la parte interna del tobillo, justo detrás de la tibia. Lo reconocerá porque es sensible a la presión. Actúe sobre él en ambas piernas durante 1 minuto.

4. Este punto se localiza en la línea media del abdomen, cuatro dedos por debajo del ombligo. Presiónelo durante 1 minuto.

5. Trace una línea horizontal hacia atrás desde el centro del borde posterior del tobillo, en la cara interna del pie. El punto de acupresura está situado exactamente entre el borde del tobillo y la base del talón. Presione con intensidad durante 4 minutos.

Ciática

6. En la parte superior de la zona glútea se encuentra un punto de acupresura especialmente eficaz. Tiéndase de lado y estire la pierna que queda arriba. Entonces notará el extremo engrosado del fémur. Desde allí mida tres dedos en dirección a la columna vertebral para fijar el punto de acupresura 6, que es sensible a la presión. Presiónelo con fuerza durante 3 minutos a ambos lados de los glúteos.

7. El punto 7 se encuentra en el centro del pliegue de piel situado justo debajo de la nalga. Presiónelo fuertemente durante 5 minutos. En este caso es más sencillo que otra persona aplique la presión mientras usted permanece relajado tumbado sobre la barriga. Presione asimismo este punto en el otro lado.

8. El punto 8 está en el centro de la corva. Presione durante 3 minutos. A continuación repítalo en la otra pierna.

9. Este punto se localiza dos dedos por debajo del ombligo. Coloque allí las puntas de ambos índices y presione el abdomen cada vez más profundamente. Duración total: 1 minuto.

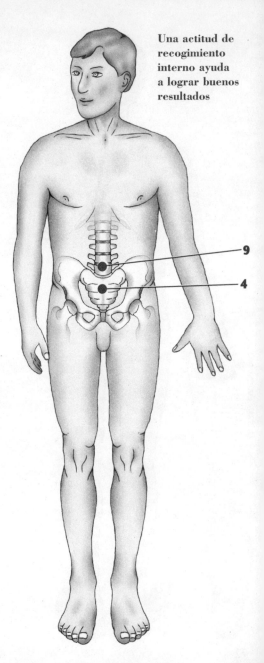

Una actitud de recogimiento interno ayuda a lograr buenos resultados

9

4

Falta de concentración y de memoria

1 al 5. Estos puntos están situados en la cara interna de las puntas de los dedos. Primero presione brevemente con el pulgar el dedo índice y, a continuación, los demás dedos sucesivamente. Repítalo varias veces en ambas manos.

6. El punto 6 se encuentra tres dedos por debajo del ombligo. Coloque allí las puntas de ambos índices y presione el abdomen cada vez más profundamente. Duración total: 1 minuto.

7. Este punto se localiza bajo el dedo gordo del pie, en el centro de la yema del dedo por debajo de la primera falange. Presione este punto en ambos pies durante 5 minutos.

Repita el tratamiento durante un período de tiempo prolongado

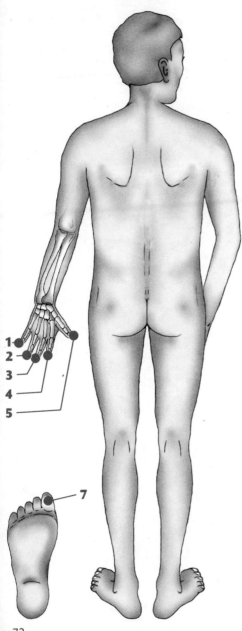

1
2
3
4
5

7

72

Trastornos circulatorios, centelleos en los ojos, mareos

8. El punto 8 está situado en la cara externa de la pierna, cuatro dedos por debajo del centro del borde inferior de la rótula. Mida desde allí un dedo hacia afuera y notará una depresión por debajo de la cabeza de la tibia. Coloque allí el dedo corazón y presione con fuerza durante 2 minutos.

9. Presione con intensidad la yema del dedo corazón durante 20 segundos. Repítalo varias veces en ambas manos.

10. El punto 10 se encuentra a 2 mm junto al borde inferior interno de la uña del dedo meñique. Presiónelo con la uña del pulgar. Repítalo en la otra mano. Alterne en total tres veces entre ambos meñiques. Repítalo tras cinco minutos.

11. Busque en el pliegue de piel entre el pulgar y el índice el punto más interno y, asimismo, lo más próximo posible al índice, aunque sin coger músculo. Presione este punto entre el pulgar y el índice de la mano contraria durante 1 minuto.

12. El punto 12 se encuentra en la raíz de la nariz, entremedio del nacimiento de las cejas. Presiónelo fuertemente durante 2 minutos.

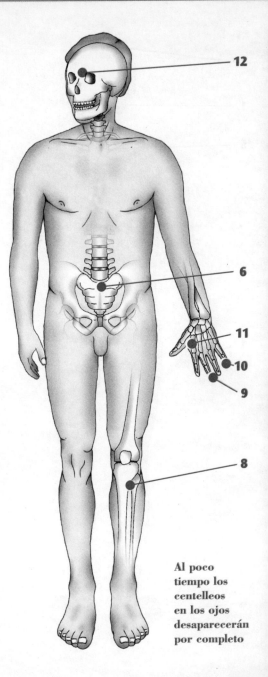

Al poco tiempo los centelleos en los ojos desaparecerán por completo

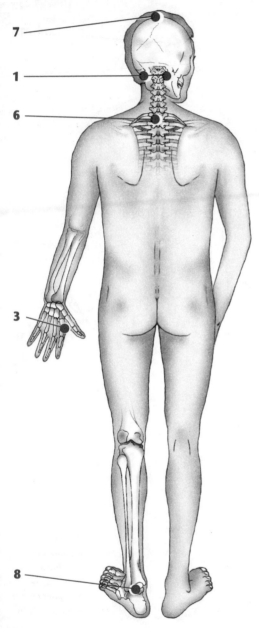

Dolor de cabeza (migraña)

1. Punto 1: desde el centro del borde inferior del hueso occipital desplace el dedo horizontalmente hacia afuera, y a tres dedos notará una depresión. Presione a ambos lados durante 1 minuto.

2. El punto 2 se encuentra exactamente entremedio del tobillo, por abajo, y el pliegue de la rodilla, por arriba. Presione este punto con intensidad moderada durante 2 minutos.

3. Busque en el pliegue de piel entre el pulgar y el índice el punto más interno y, asimismo, lo más próximo posible al índice, aunque sin coger músculo. Presione este punto entre el pulgar y el índice de la mano contraria durante 1 minuto.

4. El punto 4 se sitúa en la muñeca del lado del dedo meñique, en una depresión entre dos huesos. Presiónelo con intensidad moderada durante 1 minuto.

5. En el empeine puede observar por encima del dedo gordo un hueso que sobresale: la 1.ª articulación interfalángica. Desde allí mida dos dedos en el pie hacia la pierna. Justo al lado del hueso (en dirección al centro del pie) notará una depresión en la que se localiza el punto 5. Presiónelo durante 1 minuto.

6. Busque las dos vértebras que más sobresalen en la nuca.

En la concavidad que se forma entre ellas se encuentra el punto 6. Presiónelo suavemente durante 2 minutos.

7. Trace por encima de la cabeza una línea de unión entre el punto más alto del lóbulo de la oreja derecha y el punto más alto del lóbulo de la oreja izquierda. El punto de acupresura se encuentra exactamente en el centro de dicha línea, en la cubierta del cráneo. Presiónelo con intensidad moderada durante 2 minutos.

8. Palpe el pie desde la parte externa del tobillo hacia atrás horizontalmente. Justo entre el tobillo y el borde posterior del pie se encuentra el punto 8. Presiónelo con fuerza durante 2 minutos.

9. Coja la base de la uña del dedo meñique entre el pulgar y el índice y presione fuertemente desde ambos lados durante medio minuto.

10. El punto 10 se encuentra en el centro del dedo meñique, en el lado más próximo al pulgar. Presione con fuerza durante 2 minutos el punto situado en el extremo del pliegue de la articulación.

11. Estos puntos se localizan a lo largo de las cejas. Presione brevemente desde ambos lados de dentro hacia afuera sobre cada punto de las cejas. Repítalo dos o tres veces.

**Repita el tratamiento
varias veces al día**

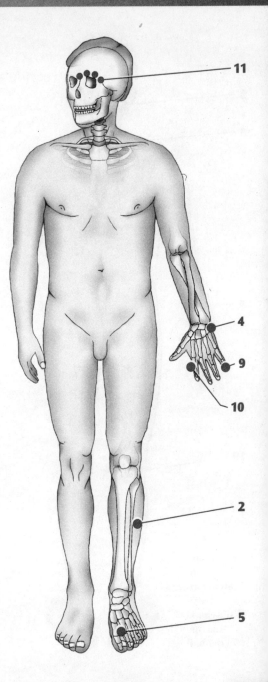

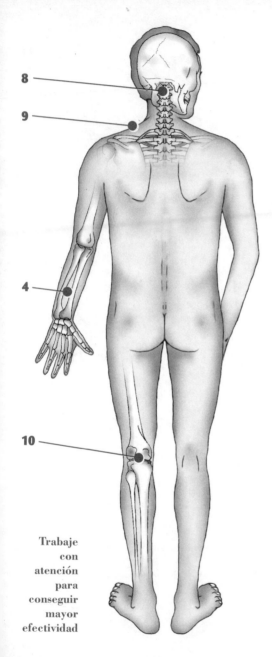

Trabaje
con
atención
para
conseguir
mayor
efectividad

Varices

1. El punto 1 está situado en la cara externa de la pierna, cuatro dedos por debajo de la rótula y un dedo hacia afuera. Allí notará una depresión por debajo de la cabeza de la tibia. Después de localizar este punto en ambas piernas, ponga el dedo corazón y presione con energía durante 2 minutos.

2. Este punto se localiza tres dedos por encima del borde superior de la parte interna del tobillo. Sienta el borde posterior de la tibia. Presione este punto en las dos piernas durante un minuto y medio.

3. En el empeine puede observar por encima del dedo gordo un hueso que sobresale: la 1.ª articulación interfalángica. Desde allí mida dos dedos en el pie hacia la pierna. Justo al lado del hueso (en dirección al centro del pie) notará una depresión en la que se localiza el punto 3. Presiónelo durante 1 minuto.

4. El punto 4 se sitúa en la cara interna del antebrazo, tres dedos por encima del pliegue de la muñeca, en el centro de una depresión entre dos tendones perpendiculares. Presiónelo en cada brazo durante 1 minuto.

5. Estos puntos se encuentran alrededor de la parte interna del tobillo. Dibuje un círculo imaginario alrededor de éste y presione todos los puntos brevemente y con fuerza varias veces al día.

Miopía

6. Palpe hacia abajo y lateralmente el dorso de la nariz hacia el ojo, hasta encontrar una pequeña depresión situada por encima del ángulo interno del ojo. Presione suavemente este punto durante 20 segundos.

7. El punto 7 se encuentra en el nacimiento de las cejas. Masajee ambos puntos con intensidad moderada durante 20 segundos.

8. Este punto se localiza en la línea media de la región occipital, justo por debajo de una pequeña prominencia situada en el borde inferior del hueso occipital. Presiónelo durante 1 o 2 minutos.

9. Busque en el borde del hombro dos haces de músculos que discurren paralelamente desde el cuello hacia la articulación del húmero. En el surco que se forma entre ambos músculos, a tres dedos de la inserción del cuello, se encuentra el punto de acupresura 9. Presiónelo con fuerza en cada lado durante 2 minutos.

10. El punto 10 se sitúa en el centro de la corva. Presiónelo con fuerza y notará el pulso. Flexione ligeramente la rodilla y presione este punto durante 1 minuto simultáneamente en ambas piernas.

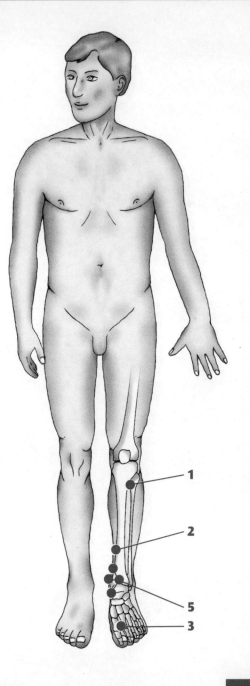

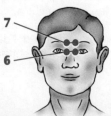

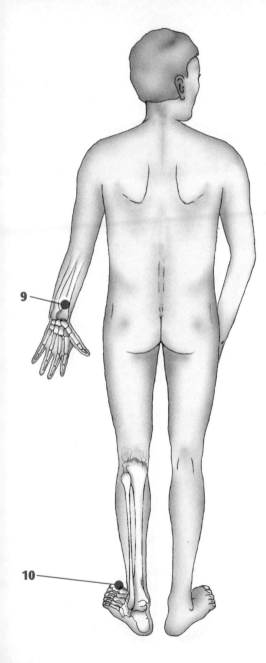

Problemas digestivos, ardor de estómago

1. El punto 1 se encuentra justo por debajo del esternón, donde empieza el tejido muscular o, lo que es lo mismo, ocho dedos por encima del ombligo. Incremente muy lentamente la presión que ejerce con el dedo, manténgala durante 20 segundos y disminúyala asimismo lentamente.

2. El punto 2 está situado dos dedos por debajo del ombligo. Presione durante 30 segundos aumentando paulatinamente la presión.

3. Estos puntos se localizan tres dedos a la derecha y a la izquierda del ombligo. Presiónelos simultáneamente con presión creciente durante 30 segundos.

4. El punto 4 se encuentra en el borde superior de la clavícula, perpendicularmente respecto a la tetilla. Masajee este punto en cada lado durante 20 segundos.

5. Este punto se localiza en la cara externa de la pierna, cuatro dedos por debajo del centro del borde inferior de la rótula y, desde allí, un dedo más hacia afuera. Notará una depresión por debajo de la cabeza de la tibia. Coloque encima el dedo corazón y presione con fuerza durante 2 minutos.

6. En el empeine puede observar por encima del dedo gordo un hueso que sobresale: la 1.ª articulación interfalángica. Desde allí mida dos dedos en el pie hacia la pierna. Justo al lado del hueso (en dirección al centro del pie) notará una depresión en la que se localiza el punto 6. Presiónelo durante 2 minutos.

7. En el centro del tobillo, donde el pie se dobla hacia arriba, encontrará entre dos tendones una depresión. Allí se localiza el punto de acupresura 7. Presiónelo con fuerza durante 4 minutos.

8. Busque en el pliegue de piel entre el pulgar y el índice el punto más interno y, asimismo, lo más próximo posible al índice, aunque sin coger músculo. Presione este punto entre el pulgar y el índice de la mano contraria durante 1 minuto.

9. El punto 9 se encuentra en la cara interna del antebrazo, tres dedos por encima del surco de la muñeca, en el centro de una depresión situada entre dos tendones perpendiculares. Presione este punto en ambos brazos durante 1 minuto.

10. Este punto se localiza junto al borde inferior externo de la uña del dedo gordo del pie. Presiónelo con fuerza en los dos pies durante 1 minuto.

La acupresura hace fluir las energías propias del cuerpo

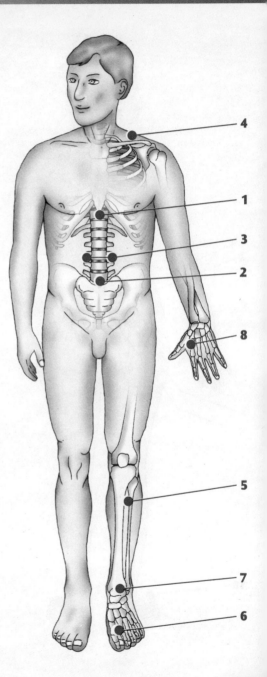

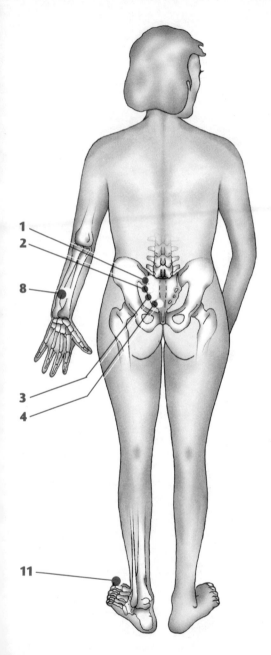

Problemas menstruales, síndrome premenstrual, dolores en el bajo vientre

1 al 4. En el hueso sacro, que es una placa ósea continua situada al final de la columna vertebral, a derecha e izquierda de la línea media un poco sobresaliente, se localizan cuatro pequeñas depresiones consecutivas. Presione estos puntos varias veces al día durante 30 segundos.

5. El punto 5 se encuentra en el abdomen, cuatro dedos por debajo del ombligo, en la línea media. Aumente progresivamente la presión que aplica con el dedo y, transcurridos 30 segundos, disminúyala también lentamente.

6. Desde el centro del borde superior de la rótula mida tres dedos hacia arriba y un dedo hacia la cara interna de la pierna. Presione con el pulgar este punto en cada pierna durante 30 segundos.

7. El punto 7 está cuatro dedos por encima de la parte interna del tobillo, junto a la cara posterior de la tibia. Presione este punto en cada pierna durante 30 segundos.

8. El punto 8 se encuentra en la cara interna del antebrazo, tres dedos por encima del pliegue de la muñeca, en el centro de una depresión situada entre dos tendones perpendiculares. Presione en cada brazo durante 1 minuto.

9. Este punto se localiza en la cara externa de la pierna, cuatro dedos por debajo del centro del borde de la rótula y, desde allí, un dedo más hacia afuera. Allí notará una depresión por debajo de la cabeza de la tibia. Coloque encima el dedo corazón y presione con fuerza durante 2 minutos.

10. El punto 4 se encuentra entre el 3.° y el 4.° dedo del pie, justo donde termina el hueco entre ellos y empieza el pliegue de piel. Presione lateralmente contra el hueso del 2.° dedo.

11. Este punto se localiza junto al borde inferior externo de la uña del dedo gordo del pie. Presiónelo con fuerza con la uña del pulgar en los dos pies durante 1 minuto.

12. El punto 12 se encuentra en la cara lateral interna del pie justo donde empieza a arquearse hacia arriba, un dedo por detrás del borde de la yema del dedo gordo. Al mover arriba y abajo los dedos de los pies se nota cómo se mueve un músculo. Presione con fuerza estos dos músculos en ambos pies durante 1 minuto.

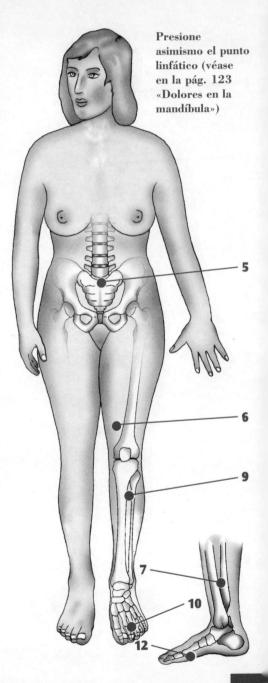

Presione asimismo el punto linfático (véase en la pág. 123 «Dolores en la mandíbula»)

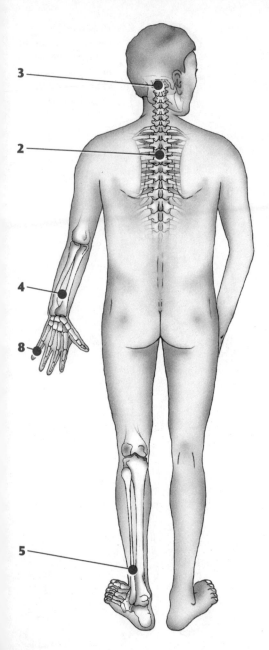

Migraña

(Véase también «Dolor de cabeza»)

1. El punto 1 se halla en el abdomen, cuatro dedos por encima del ombligo. Vaya aumentando lentamente la presión sobre este punto. Después de 1 minuto pare.

2. El punto 2 se localiza en la espalda. Busque las dos vértebras cervicales que sobresalen (especialmente con la cabeza inclinada) y desde allí localice la 3.ª y la 4.ª vértebras subyacentes. Debajo de la 4.ª vértebra, en una depresión, se encuentra el punto de acupresura 2. Presiónelo con fuerza durante 2 minutos.

3. Este punto está en la nuca, en una fosa situada bajo el borde del hueso occipital, en el centro. Presiónelo durante 1 minuto.

4. El punto 4 se halla en la cara interna del antebrazo. Desde el surco de la muñeca mida tres dedos hacia arriba, en el brazo. Allí notará entre dos tendones una concavidad. Presione este punto con el pulgar durante 30 segundos; repítalo en el otro brazo.

5. Este punto se localiza en la cara externa de la pierna, cuatro dedos por encima del borde superior del tobillo. Presiónelo durante 2 minutos en cada pierna.

Fatiga, cansancio, agotamiento

6. El punto 6 se encuentra en la cara interna del pie por el lado de la 2.ª articulación interfalángica del dedo gordo. Presione con fuerza en los dos pies sucesivamente durante 2 minutos.

7. Este punto se localiza en la parte superior del pie, donde se dobla hacia la pierna. En el centro se encuentra el punto de acupresura. Presiónelo con intensidad moderada durante 2 minutos en cada pie.

8. El punto 8 está en la cara interna del dedo meñique, sobre la 2.ª articulación interfalángica. Presiónelo durante 30 segundos en cada mano.

9. El punto 9 se halla en la base de la uña del dedo corazón del lado del meñique. Presione este punto durante 2 minutos.

10. Este punto se encuentra cuatro dedos por debajo del ombligo. Empiece aplicando una presión muy suave y vaya aumentando gradualmente la intensidad como si cada vez «perforara más hondo». Transcurridos 3 minutos disminuya paulatinamente la presión y levante los dedos del punto de acupresura.

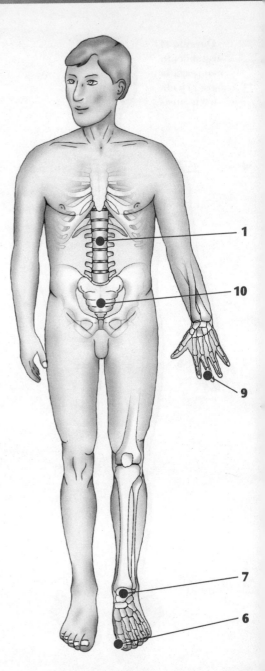

Durante el tratamiento mantenga la cabeza echada hacia atrás

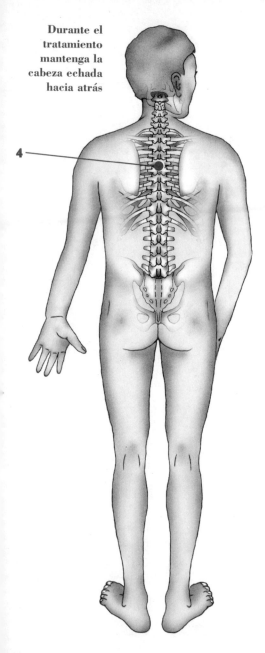

4

Hemorragia nasal

1. El punto 1 está situado en la cara externa de la pierna, cuatro dedos por debajo del borde de la rótula. Un dedo más hacia afuera notará una depresión por debajo de la cabeza de la tibia. Ponga allí el dedo corazón y presione con fuerza durante 2 minutos.

2. En el pliegue que se forma entre el pulgar y el índice busque un punto lo más interior posible y lo más próximo posible al dedo índice, pero sin coger músculo. Presione este punto entre el pulgar y el índice de la otra mano durante 1 minuto.

3. El punto 3 se encuentra justo por debajo del esternón en una depresión. Presione durante 1 minuto aumentando y disminuyendo lentamente la intensidad.

4. Este punto se localiza en la espalda. Busque las dos vértebras cervicales que sobresalen y desde allí localice la 3.ª y la 4.ª vértebras subyacentes. Debajo de la 4.ª vértebra, en una depresión, se encuentra el punto de acupresura 4. Presiónelo con fuerza durante 2 minutos.

5. El punto 5 está en la línea media del empeine, en su punto más alto, dos dedos y medio por debajo del pliegue de la articulación del pie, donde el pie y la pierna se encuentran. Allí notará una ligera depresión. Presione este punto con intensidad moderada durante 3 minutos.

Sinusitis

6. El punto 6 se halla en la base de la uña del pulgar por el lado más próximo al índice. Coja la uña del pulgar entre el pulgar y el índice de la otra mano y presione fuertemente durante medio minuto.

7. Este punto se localiza en el lado del dedo índice que toca al pulgar, por encima de la articulación interfalángica, es decir, del nudillo, donde en el otro lado empieza el pliegue entre el índice y el corazón. Presione con fuerza durante 2 minutos sobre el hueso.

8. El punto 8 está dos dedos por debajo del centro del ojo. Presione suavemente este punto a ambos lados durante 2 minutos varias veces al día. Presione asimismo los puntos 2 y 5 señalados en el dibujo.

**¡Es imprescindible
que consulte con su médico!**

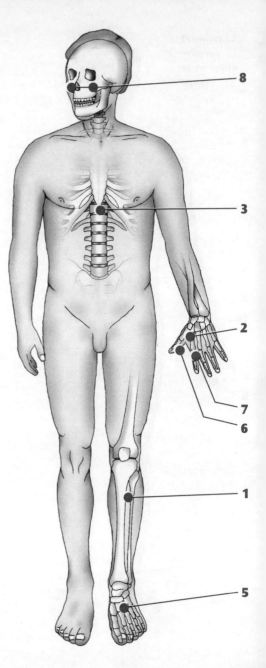

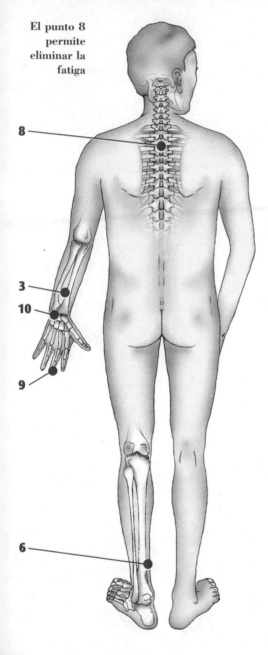

El punto 8 permite eliminar la fatiga

8

3

10

9

6

Nerviosismo, intranquilidad, irascibilidad

1. El punto 1 está situado en la pierna. Desde el borde inferior de la rótula mida cuatro dedos hacia abajo y, después, un dedo más hacia afuera. Allí está el punto de acupresura. Presiónelo fuertemente en las dos piernas a la vez con el dedo corazón durante 5 minutos como máximo.

2. En el pliegue que se forma entre el pulgar y el índice busque un punto lo más interior posible y lo más próximo posible al dedo índice, pero sin coger músculo. Presione este punto entre el pulgar y el índice de la otra mano durante 1 minuto.

3. El punto 3 se halla en la cara interna del antebrazo, tres dedos por encima del surco de la muñeca, en el centro de una concavidad que se forma entre dos tendones perpendiculares. Presione este punto en cada brazo durante 1 minuto.

4. Este punto se localiza en la raíz de la nariz, entremedio del nacimiento de las cejas. Presione con energía durante 2 minutos.

5. Localice por debajo del ángulo externo del ojo el borde superior del pómulo (hueso cigomático) y mida un dedo hacia afuera. Hallará un punto sensible a la presión. Actúe suavemente sobre él a ambos lados durante 1 minuto.

6. Para fijar el punto 6 mida cuatro dedos hacia arriba desde el extremo superior delantero de la cara externa del tobillo. Presione fuertemente durante 2 minutos.

7. El punto 7 se encuentra entremedio de la nariz y el labio superior. Presiónelo durante 1 minuto.

8. Incline la cabeza y busque las dos vértebras cervicales que sobresalen especialmente. En la depresión situada bajo la más inferior de ellas está el punto de acupresura. Presiónelo durante 1 minuto.

9. El punto 9 está en la punta del dedo corazón. Puede presionarlo con el dedo pulgar de la misma mano, en ambas manos al mismo tiempo durante medio minuto.

10. El punto 10 se sitúa en la cara interna de la muñeca, justo en el pliegue de piel entre la mano y el antebrazo, en línea recta por debajo del meñique. Allí notará una depresión entre los huesecillos. Presione sobre él durante 2 minutos; repítalo en la otra mano.

11. Este punto se localiza en el extremo inferior del esternón. Presiónelo con la punta del dedo corazón durante 1 minuto.

El punto 1 se conoce como «lugar de la serenidad divina»

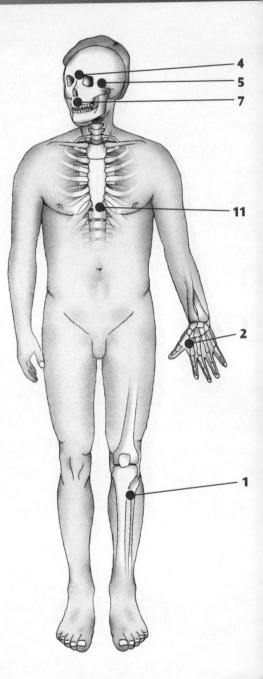

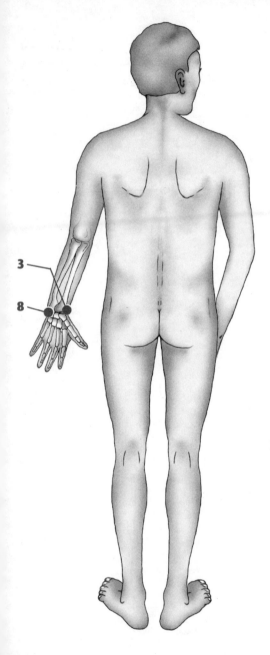

Hipotensión, hipotonía

1. El punto 1 se encuentra junto a la base de la uña del dedo meñique por el lado del anular. Presione este punto con la uña del pulgar durante 1 minuto.
2. El punto 2 está en el mismo punto pero en el dedo corazón. Presiónelo durante 3 minutos.
3. Este punto se localiza en la cara interna de la muñeca, en el pliegue de la articulación en línea recta por debajo del índice. Presiónelo durante 3 minutos.
4. En el pliegue que se forma entre el pulgar y el índice busque un punto lo más interior posible y lo más próximo posible al dedo índice, pero sin coger músculo. Presione este punto entre el pulgar y el índice de la otra mano durante 1 minuto.

Presione asimismo los puntos 5 y 6 que se indican en el dibujo.

La acupresura libera las energías del cuerpo

Adicción a la nicotina

5. Punto 5: mida desde el borde inferior de la rótula cuatro dedos hacia abajo y un dedo hacia afuera. Presione enérgicamente este punto con el dedo corazón en ambas piernas a la vez, no más de 5 minutos.

6. El punto 6 se encuentra junto al borde inferior externo de la aleta de la nariz, en una pequeña depresión. Presiónelo con intensidad moderada desde ambos lados al mismo tiempo durante 1 minuto.

7. Este punto se localiza en el esternón, a la altura de los pezones/tetillas. Presiónelo durante 2 minutos.

8. El punto 8 se encuentra en la cara interna de la muñeca, en el pliegue de la articulación por debajo del meñique. Presione este punto durante 3 minutos.

9. El punto 9 está junto al borde inferior externo de la uña del pulgar. Presiónelo durante 2 minutos.

10. Este punto se localiza en la depresión situada justo por debajo del esternón. Cada vez que sienta ganas de fumar, masajéelo durante 10 segundos.

11. El punto 11 se sitúa detrás del lóbulo de la oreja. Tres dedos por detrás del punto de inserción de la oreja hay una depresión limitada por arriba por el borde del cráneo. Allí está el punto de acupresura 11. Masajéelo suavemente durante 2 minutos.

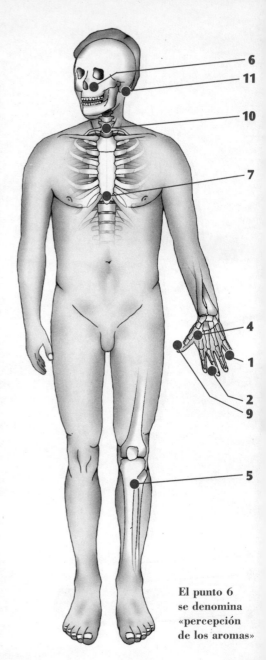

6
11
10
7
4
1
2
9
5

El punto 6
se denomina
«percepción
de los aromas»

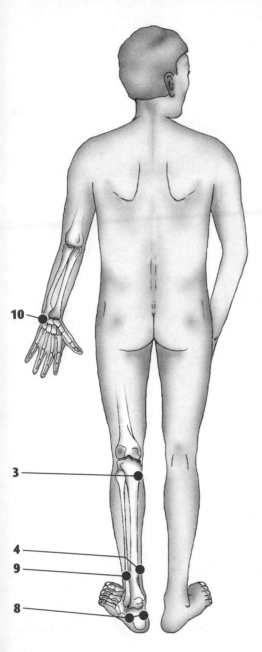

Problemas de próstata

1. El punto 1 está situado cuatro dedos por debajo del ombligo. Presiónelo con el dedo índice aumentando la intensidad y sueltélo asimismo lentamente. Duración total: 1 minuto.

2. Este punto se halla cinco dedos por debajo del ombligo; presiónelo como el punto 1.

3. Desde la rodilla palpe la pierna lateralmente hacia abajo y notará un hueso grande, la tibia. Aproximadamente cinco dedos por debajo de la rodilla el hueso se hace más estrecho. En este punto de la tibia se encuentra el punto 3. Presiónelo con fuerza en ambas piernas durante 3 minutos.

4. El punto 4 se localiza cuatro dedos por encima de la parte interna del tobillo por el lado de la tibia. Presiónelo en ambas piernas durante 1 minuto.

5. En la cara externa de la pierna mida cuatro dedos hacia abajo desde el borde inferior de la rótula. Desde allí mida un dedo más hacia afuera y notará una depresión por debajo de la cabeza de la tibia, que es sensible a la presión. Coloque dentro el dedo corazón y presione con fuerza durante 2 minutos.

El punto 5 corresponde a la «serenidad divina»

Mareo en viajes, en el mar

6. El punto 6 está justo entre el extremo inferior del esternón y el ombligo. Presiónelo suavemente durante 1 minuto.

7. Busque el punto más alto de la ceja y mida desde allí dos dedos hacia arriba. El punto determinado es sensible a la presión y debe masajearse ligeramente.

8. Se trata de dos puntos situados en cada pie, justo debajo del punto intermedio entre la parte externa y la parte interna del tobillo. Presione estos puntos con el pulgar y el índice de la misma mano durante 3 minutos.

9. El punto 9 se sitúa tres dedos por encima del borde superior de la parte externa del tobillo sobre el peroné. Presiónelo con energía en cada pierna durante 2 minutos.

10. Este punto se localiza en la parte interna de la muñeca, justo en el pliegue de la articulación entre la mano y el antebrazo, en línea recta por debajo del dedo meñique. Allí notará una ligera depresión entre los huesecillos. Presiónelo durante 3 minutos en cada mano.

Trabaje los puntos alternativamente

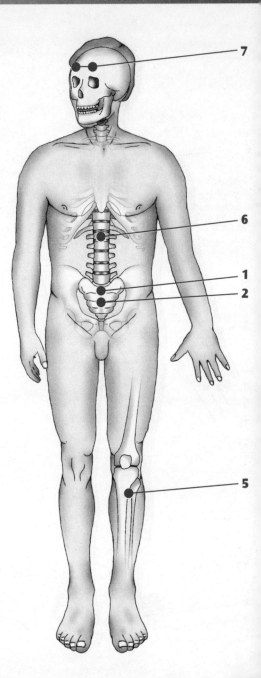

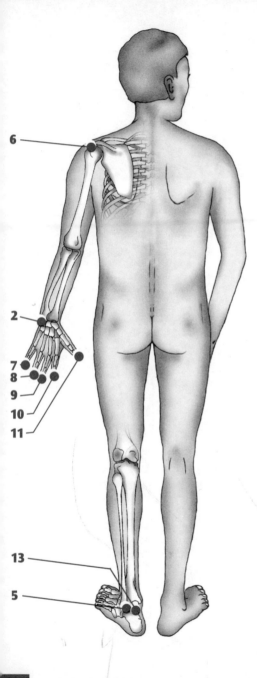

6

2

7
8
9
10
11

13

5

Reumatismo

1. El punto 1 está situado en el dorso de la mano, en la prolongación del surco entre el dedo meñique y el anular, cuatro dedos por encima de la división entre el meñique y el anular. Presiónelo suavemente durante 4 minutos.

2. El punto 2 se localiza en la parte interna de la muñeca, justo en el pliegue que se forma entre la mano y el antebrazo. Allí notará una pequeña depresión entre los huesecillos. Presiónelo en cada mano durante 3 minutos.

3. El punto 3 está en el extremo externo del pliegue del codo, en una concavidad situada antes del extremo engrosado del húmero. Presiónelo durante 3 minutos.

4. En el pliegue que se forma entre el pulgar y el índice busque un punto lo más interior posible y lo más próximo posible al dedo índice, pero sin coger músculo. Presione este punto entre el pulgar y el índice de la otra mano durante 1 minuto.

5. El punto 5 está en el lado posterior de la articulación del pie, a la altura del tobillo. Presiónelo en cada pie durante 3 minutos.

6. El punto 6 se sitúa en el borde externo del hombro por debajo del extremo superior del hueso. Presiónelo durante 2 minutos.

Insomnio, trastornos del sueño

7 al 11. Los puntos del 7 al 11 se encuentran en las puntas de los dedos. Presione la punta del pulgar contra la punta del dedo índice manteniéndolos ligeramente presionados ligeramente. Repítalo con la punta del dedo corazón, anular y meñique de ambas manos. Repita este ejercicio durante 3 minutos.

12. El punto 12 se encuentra en la pierna. Mida desde el centro del borde inferior de la rótula cuatro dedos hacia abajo y un dedo más hacia afuera. Allí notará el punto de acupresura. Presiónelo con fuerza con el dedo corazón en ambas piernas a la vez, no más de 5 minutos.

13. El punto 13 se halla justo por detrás del tobillo. Coja el pie por atrás con el pulgar y el índice de manera que el pulgar quede hacia el interior y el índice, hacia el exterior, ambos detrás del tobillo. Presione fuertemente este punto, a ser posible en ambos pies simultáneamente, durante 3 minutos.

Relaje todo el cuerpo

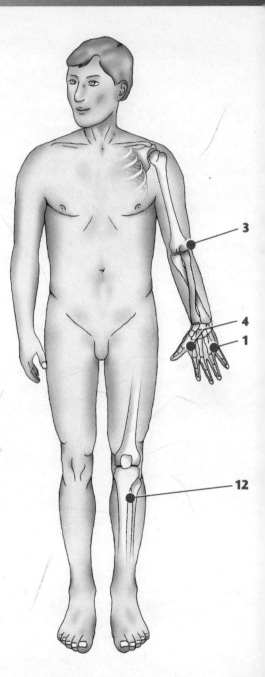

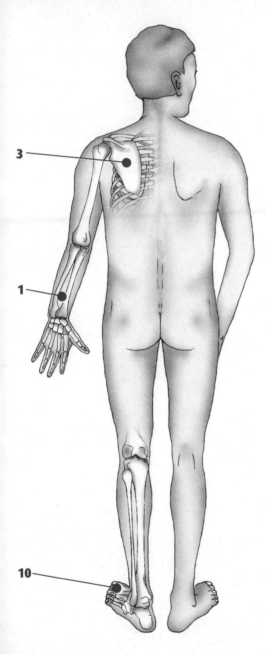

Hipo

1. El punto 1 se encuentra en la cara interna del antebrazo, tres dedos por encima del pliegue de la muñeca, en el centro de una depresión situada entre dos tendones perpendiculares. Presione en cada brazo durante 1 minuto.

2. El punto 2 está en el borde superior de la clavícula, perpendicular al pezón/tetilla, es decir, a cinco dedos del centro del cuello. Presione este punto en cada lado durante 30 segundos.

3. Este punto se localiza en el centro del omóplato. Presiónelo con intensidad moderada durante 30 segundos.

4. El punto 4 está ubicado en la concavidad situada junto al borde inferior del cuello, en el centro, justo donde a derecha e izquierda se insertan las clavículas. Presiónelo durante 1 minuto.

5. El punto 5 está en el empeine, en la prolongación del hueco entre el dedo gordo del pie y el 2.° dedo. Desde donde empieza el músculo mida tres dedos hacia arriba en dirección al pie. Presione este punto durante 30 segundos.

Beber abundantemente acelera el efecto

Dolor en el abdomen

6. El punto 6 se localiza en el borde inferior y externo de la rótula, en una depresión. Presiónelo en ambas rodillas con intensidad moderada durante 2 minutos.

7. El punto 7 está cuatro dedos por debajo del centro del borde de la rótula. Después de medir esta distancia vaya un dedo más hacia afuera y notará una depresión por debajo de la cabeza de la tibia. Ponga dentro el dedo corazón y presione con fuerza durante 2 minutos.

8. Este punto se encuentra dos dedos a la izquierda y derecha del ombligo. Aumente gradualmente la intensidad de la presión y vaya disminuyendo lentamente. El tratamiento dura en total 1 minuto.

9. El punto 9 está junto al borde inferior externo de la aleta de la nariz. Presione suavemente en ambos lados durante 3 minutos.

10. El punto 10 se halla justo donde finaliza el hueco entre el dedo gordo del pie y el 2.° dedo y empieza el pliegue de piel. Presiónelo con fuerza en ambos pies durante 3 minutos.

11. El punto 11 se localiza en la base de la uña del dedo índice, en el lado más próximo al pulgar. Presiónelo con intensidad moderada durante 3 minutos.

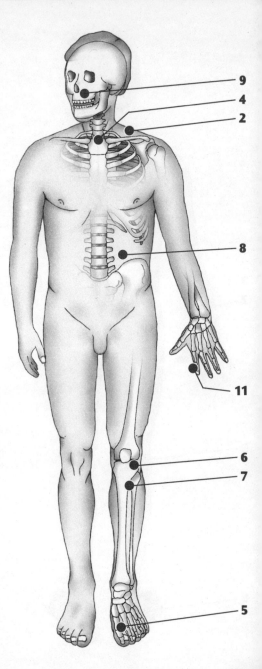

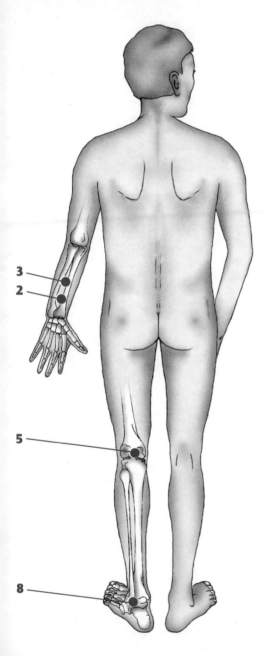

Dolor en el pecho

1. El punto 1 se encuentra en el esternón, a la altura del pezón/tetilla. (Le resultará más sencillo localizar este punto estando tumbado.) Presiónelo con intensidad moderada durante 2 minutos.

2. El punto 2 está en la cara interna del antebrazo, tres dedos por arriba del pliegue de la muñeca, en el centro de una depresión situada entre dos tendones perpendiculares. Presiónelo en ambos brazos durante 1 minuto.

3. Este punto se localiza en la cara externa del antebrazo, a cuatro dedos del pliegue de la muñeca, en el centro del antebrazo, entre el radio y el cúbito. Presiónelo en los dos brazos durante 2 minutos.

Dolor en la rodilla

4. En la cara externa de la pierna mida cuatro dedos hacia abajo desde el borde inferior de la rótula y un dedo hacia afuera. Allí notará una depresión por debajo de la cabeza de la tibia. Coloque dentro el dedo corazón y presione con fuerza durante 2 minutos.

5. El punto 5 se encuentra en la parte posterior de la rodilla, en el centro de la corva. Flexione ligeramente la rodilla y presione este punto simultáneamente en ambas piernas durante 1 minuto.

6. Desde la parte externa de la rodilla palpe hacia arriba hasta notar un hueso que sobresale: la cabeza del peroné. Desde el centro de la cabeza del hueso mida aproximadamente un dedo hacia delante y notará el extremo superior del peroné y la tibia subyacente. Allí se localiza el punto de acupresura 6. Presiónelo durante 2 minutos.

7. El punto 7 está en la parte anterior de la rodilla. Palpe el borde inferior de la rótula hasta notar por la parte interna una depresión entre los huesos. Presione este punto con fuerza durante 1 minuto.

Dolor en el pie

8. Para localizar el punto 8 palpe horizontalmente hacia atrás desde el extremo inferior de la parte externa del tobillo. A medio camino de la cara externa del pie, en una depresión, se halla el punto de acupresura.

9. Desde el centro del borde posterior del tobillo, por su cara interna, palpe horizontalmente hacia atrás. A medio camino de la cara externa del pie se halla el punto de acupresura. Presione este punto fuertemente durante 2 minutos.

Repita el tratamiento durante una semana

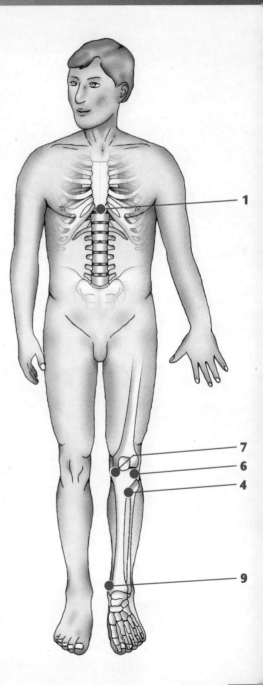

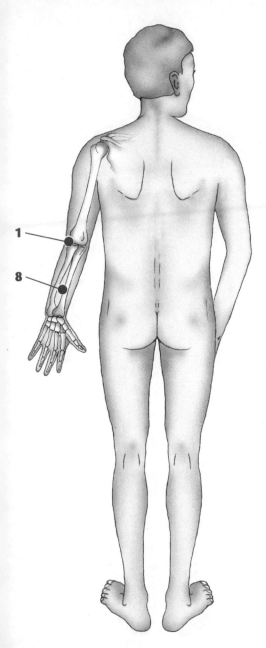

Dolor en el codo

1. Flexione el codo y busque el punto 1 en el extremo externo del pliegue del codo. Presiónelo durante 2 minutos.

2. El punto 2 está en la parte interna del pliegue de la muñeca, casi al final. Por el lado del meñique notará un hueso que sobresale. Presione durante 4 minutos.

3. El punto 3 se localiza en el dorso de la mano. Cierre el puño y mida tres dedos hacia arriba desde el nudillo del dedo meñique. A medio dedo de allí, aproximadamente, hay un surco adyacente. Presione este punto suavemente durante 2 minutos.

Dolor en las articulaciones de los dedos

4 al 7. Estos puntos están en la frontera entre los dedos y el dorso de la mano. Empiece en el pliegue de piel entre el índice y el corazón, después en el pliegue entre el corazón y el anular y, finalmente, en el pliegue entre el anular y el meñique. Presione con fuerza cada punto durante 30 segundos.

Dolor en la muñeca

8. El punto 8 se sitúa en la cara interna del antebrazo, tres dedos por debajo del pliegue de la muñeca, entre el radio y el cúbito. Presione este punto en ambos brazos con el pulgar durante 2 minutos.

9. Este punto se halla justo por debajo de la clavícula, en una depresión situada junto al borde de la cabeza del húmero, que tiene forma de bola. Presiónelo durante 1 minuto.

10. El punto 10 está en la cara externa del codo (poniendo la mano sobre el ombligo), tres dedos desde el extremo más externo del pliegue del codo hacia abajo por el antebrazo en dirección al pulgar. Presione durante 1 minuto.

11. El punto 11 se halla en la cara externa de la pierna, cuatro dedos por debajo del centro del borde inferior de la rótula. Después mida un dedo más hacia afuera y notará una depresión por debajo de la cabeza de la tibia. Coloque allí el dedo corazón y presione con fuerza durante 2 minutos.

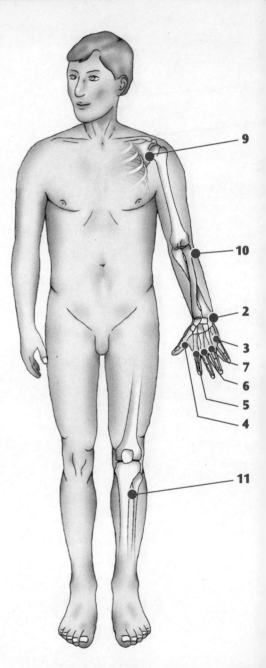

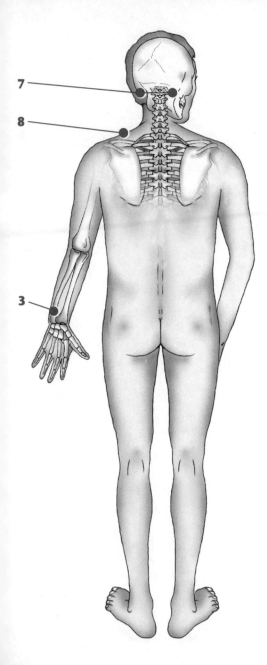

7

8

3

Dolor
en la garganta,
molestias al tragar,
dificultades
para hablar

1. El punto 1 está situado en un lado del cuello, a la altura de la laringe, es decir, de la punta de la nuez de Adán. Desde allí palpe hacia atrás en línea horizontal hasta encontrar un fuerte haz de músculos. Justo por delante de este haz se localiza el punto de acupresura en el que también se nota el pulso. Mantenga ligeramente presionado este punto y mueva la piel adelante y atrás durante 30 segundos.

2. El punto 2 está tocando al tabique que divide los dos orificios nasales. Presiónelo suavemente durante 30 segundos.

3. El punto 3 se localiza en el antebrazo, por el lado del dedo meñique, un dedo por encima del pliegue de la muñeca, en el hueso que se percibe al tacto. Presiónelo con intensidad moderada durante 1 minuto.

4. Este punto se encuentra en el esternón, a la altura del pezón/tetilla. Presiónelo con fuerza durante 2 minutos.

Verá cómo desaparece el nudo que siente en la garganta

Dolor en la mandíbula

5. El punto 5 está situado por delante del centro del borde anterior de la oreja. Primero coloque el dedo delante del hueco situado en el borde anterior de la oreja y mida un dedo hacia abajo. Toque levemente este punto de manera pulsátil durante 30 segundos.

6. Desde el borde inferior de la mandíbula inferior palpe hacia atrás hasta el punto en el que empieza a ascender. Un dedo por encima, en la mejilla, se sitúa el punto de acupresura. Masajéelo suavemente durante 20 segundos.

7. El punto 7 se halla en el borde inferior del hueso occipital a la derecha e izquierda de la columna vertebral, en una depresión situada entre dos haces de músculos perpendiculares. Masajéelo suavemente en ambos lados de la cabeza durante 30 segundos.

8. Este punto se encuentra en el borde superior del hombro en su punto más alto, cuatro dedos desde la punta externa del hueso hacia dentro, en una depresión. Presiónelo con fuerza durante 2 minutos.

9. El punto 9 se halla 2 o 3 mm por debajo del extremo inferior externo de la uña del pulgar en línea oblicua. Presiónelo con fuerza durante 1 minuto.

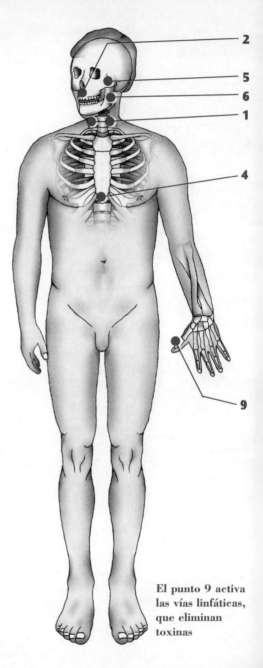

El punto 9 activa las vías linfáticas, que eliminan toxinas

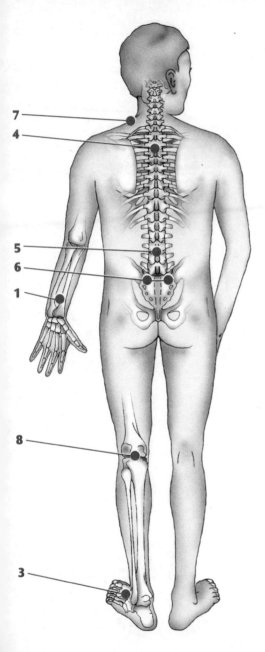

Dolor en las costillas

1. El punto 1 se encuentra en la cara interna del antebrazo, tres dedos por encima del pliegue de la muñeca, en el centro de una depresión entre dos tendones perpendiculares. Presiónelo en ambos brazos durante 1 minuto.

2. Siéntese en una silla, junte los pies y desde el pliegue externo de la rodilla (justo donde la pierna se dobla) palpe en línea horizontal hacia la cara externa de la pierna. Enseguida notará un hueso que sobresale: la cabeza del peroné. Mida un dedo más hasta localizar la depresión situada delante del hueso. Presione fuertemente este punto durante 2 minutos.

3. El punto 3 está en el empeine. Coloque el dedo en el borde inferior anterior del tobillo por su cara externa y mueva el pie. Al hacerlo notará cómo junto al dedo se mueve un tendón. Presione el punto de acupresura con fuerza durante 2 minutos en cada pie.

4. Con la cabeza inclinada busque las dos vértebras que sobresalen especialmente. En la depresión situada bajo la inferior se halla el punto de acupresura. Presiónelo durante 3 minutos.

El efecto no se suele notar hasta transcurridos de 10 a 15 minutos

Dolor en la espalda

5. El punto 5 se encuentra en la columna vertebral. Desde el ombligo palpe en línea horizontal hacia la parte posterior del cuerpo, hasta localizar una vértebra. En la depresión que hay bajo dicha vértebra se localiza el punto de acupresura. Presiónelo con fuerza durante 2 minutos.

6. El punto 6 se halla en el sacro, que es una lámina ósea cerrada situada al final de la columna vertebral. A la derecha e izquierda de la línea media notará pequeñas depresiones. El punto de acupresura se localiza en la superior. Presiónelo con intensidad moderada durante 3 minutos en cada lado.

7. Este punto se localiza en la transición del borde superior del hombro hacia el cuello. Lo distinguirá porque es sensible a la presión. Actúe sobre él durante 30 segundos.

8. El punto 8 está situado en el centro de la corva. Presiónelo durante 1 minuto.

9. El punto 9 está tocando al tabique que divide los dos orificios nasales. Presiónelo suavemente durante 30 segundos.

10. El punto 10 se halla 2 o 3 mm por debajo del extremo inferior externo de la uña del pulgar, en línea oblicua. Presiónelo con fuerza durante 1 minuto.

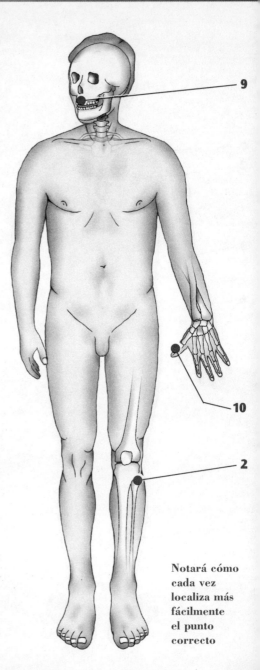

Notará cómo cada vez localiza más fácilmente el punto correcto

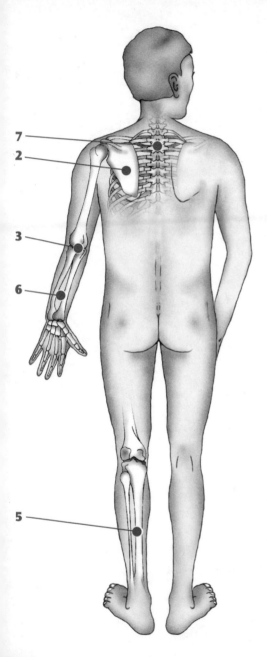

Dolor en el hombro

1. Palpe la clavícula en dirección al hombro y en la punta, en el borde del hombro, notará una depresión en la que se localiza un punto de acupresura. Presiónelo con intensidad moderada durante 30 segundos.

2. El punto 2 se localiza en el centro del omóplato y se distingue porque es sensible a la presión. Actúe sobre él con fuerza moderada durante 30 segundos.

3. Con el codo flexionado el punto de acupresura 3 se encuentra en el límite externo del pliegue del codo, donde al tacto se distingue un hueso (la cabeza del radio). Presiónelo con intensidad moderada durante 30 segundos.

4. Desde el pliegue posterior de la rodilla (donde la pierna se dobla) palpe la pierna en línea horizontal hacia delante. Enseguida notará un hueso que sobresale: la cabeza del peroné. Mida un dedo más de anchura y localizará una depresión delante del hueso. Presione allí con intensidad moderada durante 2 minutos.

5. El punto 5 se localiza en la cara posterior de la pierna, en el centro de la pantorrilla, justo entre la rodilla y el tobillo. Presiónelo con fuerza durante 1 minuto.

Caspa, psoriasis

6. El punto 6 se sitúa en la cara interna del antebrazo, cinco dedos por encima del pliegue que se forma al flexionar la muñeca. El punto de acupresura está en el surco entre el radio y el cúbito. Presiónelo con intensidad moderada durante 2 minutos.

7. Este punto se encuentra en la columna vertebral. Incline la cabeza y busque en la nuca dos vértebras que sobresalen especialmente. En la depresión situada bajo la inferior de ellas está el punto de acupresura. Presiónelo con intensidad moderada durante 2 minutos.

8. El punto 8 está en la rodilla, tres dedos por encima del borde superior interno de la rótula. Lo distinguirá porque es sensible a la presión. Actúe sobre él con fuerza durante 1 minuto.

9. Para fijar el punto 9 mida cuatro dedos por encima de la punta superior posterior del tobillo, por su parte interna. Es un punto sensible a la presión situado exactamente en la parte posterior de la tibia. Presiónelo con fuerza durante 30 segundos en cada pierna.

Repita el tratamiento durante un período de tiempo prolongado

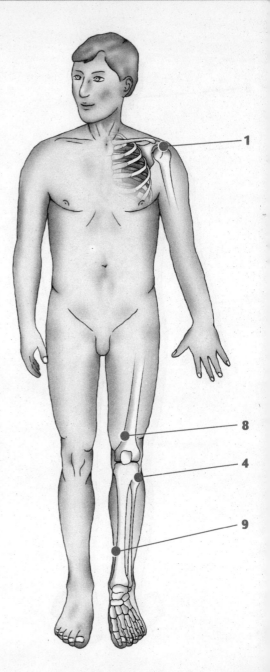

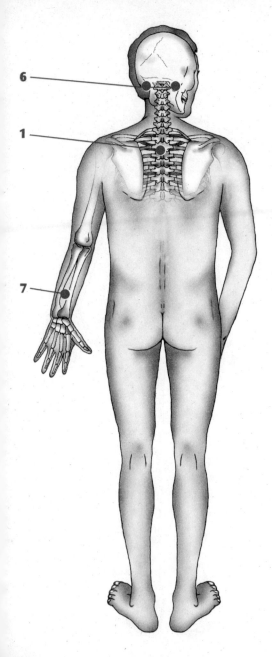

Debilidad, pérdida de conciencia, desmayo

1. El punto 1 se encuentra en la nuca, justo por debajo de la segunda de las vértebras cervicales que sobresalen especialmente. Usted mismo notará cuándo ha de soltar la presión.

2. El punto 2 se localiza cuatro dedos por debajo del ombligo. Aumente y disminuya lentamente la presión sobre este punto durante 1 minuto en total.

3. Este punto se halla en la cara externa de la pierna, cuatro dedos por debajo del centro del borde inferior de la rótula y, desde allí, un dedo más hacia afuera. Allí notará una depresión bajo la cabeza de la tibia. Coloque el dedo corazón y presione con fuerza durante 2 minutos.

4. En el pliegue que se forma entre el pulgar y el índice busque un punto lo más interior posible y lo más próximo posible al dedo índice, pero sin coger músculo. Presione este punto entre el pulgar y el índice de la otra mano durante 1 minuto.

Mareo, trastornos del equilibrio

5. El punto 5 se halla por encima de la raíz de la nariz entremedio de las cejas. Presiónelo de manera pulsátil durante 10 segundos.

6. Mida cuatro dedos lateralmente desde el borde inferior del hueso occipital. El punto de acupresura se encuentra en una depresión entre dos músculos perpendiculares. Dé suaves toques a estos puntos durante 10 segundos.

7. El punto 7 está en la cara interna del antebrazo, tres dedos por encima del pliegue de la muñeca, en el centro de una depresión situada entre dos tendones perpendiculares. Presiónelo en cada brazo durante 1 minuto.

8. En el empeine puede ver por encima del dedo gordo un hueso que sobresale: la 1.ª articulación interfalángica. Desde allí mida dos dedos en el pie hacia la pierna. Justo al lado del hueso (en dirección al centro del pie) notará una depresión en la que se localiza el punto 8. Presiónelo durante 1 minuto.

Presione asimismo el punto de acupresura 1

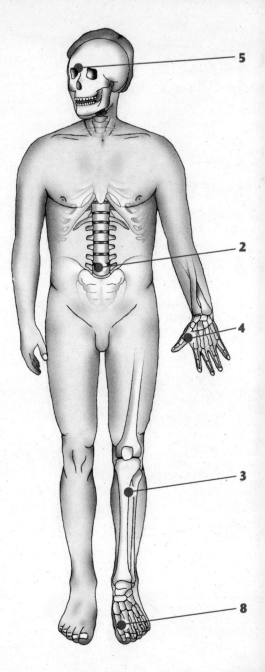

5

2

4

3

8

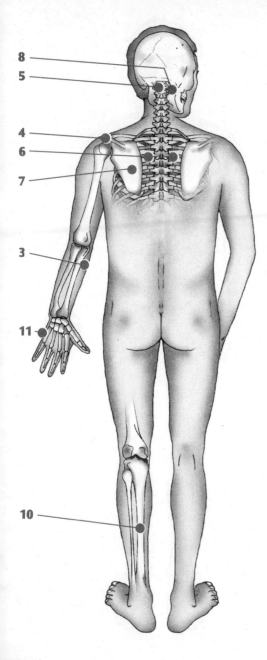

8
5

4
6
7

3

11

10

Tendinitis

1. En el pliegue que se forma entre el pulgar y el índice busque un punto lo más interior posible y lo más próximo posible al dedo índice, pero sin coger músculo. Presione este punto entre el pulgar y el índice de la otra mano durante 1 minuto.

2. El punto 2 se encuentra en la cara externa del antebrazo, tres dedos por encima de la muñeca entre el radio y el cúbito. Presione este punto con intensidad moderada durante 2 minutos.

3. Con el codo flexionado mida tres dedos hacia abajo (en dirección al pulgar) desde el extremo externo (visible por la parte superior) del pliegue del codo. El punto que se localiza es sensible a la presión. Actúe suavemente sobre él durante 1 minuto.

4. Desde el extremo más externo del borde superior del hombro mida tres dedos hacia dentro y un dedo más bajando por la espalda. El punto de acupresura está ubicado en el surco situado bajo la clavícula y es sensible a la presión. Presiónelo con intensidad moderada durante 1 minuto.

Usted mismo notará
cuándo debe parar

Rigidez en el cuello, dolor en la nuca

5. El punto 5 se localiza en el centro del borde del hueso occipital, por debajo de una prominencia ósea. Presiónelo suavemente durante 1 minuto.

6. El punto 6 está en la nuca, por debajo de dos vértebras que sobresalen especialmente (desde la depresión subyacente dos dedos a la derecha o a la izquierda). Presiónelo durante 1 minuto.

7. El punto 7 se encuentra en el centro del omóplato. Presiónelo fuertemente durante 1 minuto.

8. Desde el punto 5 mida lateralmente cuatro dedos en el borde inferior del hueso occipital y hallará el punto 8. Masajéelo durante 2 minutos.

9. En el borde superior del hombro busque el hueso que sobresale en el extremo externo y cuente cinco dedos en dirección al cuello. Masajee el punto localizado durante 2 minutos.

10. Este punto se encuentra en la parte posterior de la pierna, en el centro de la pantorrilla, justo entre la rodilla y el tobillo. Presiónelo con fuerza durante 1 minuto.

11. Busque en la palma de la mano el pliegue que empieza bajo el hueco entre el dedo corazón y el índice, justo en el borde de la mano. Presione este punto con fuerza durante 3 minutos.

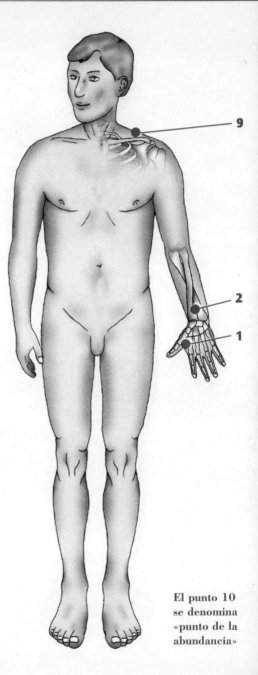

El punto 10 se denomina «punto de la abundancia»

133

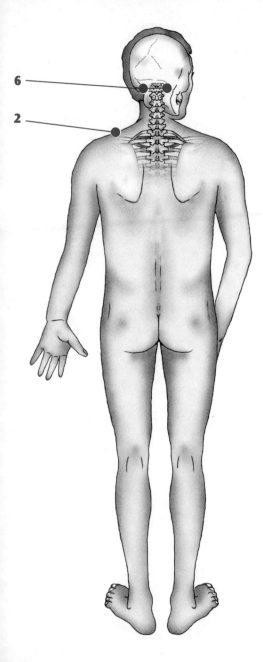

Estrés, tensión, sobreesfuerzo

1. El primer punto se encuentra junto al borde inferior interno de la uña del dedo meñique. Presiónelo con la uña del pulgar de la otra mano (repítalo en la otra mano). Alterne en total tres veces entre los meñiques de ambas manos. Repítalo durante 5 minutos.

2. En el borde superior del hombro busque el hueso que sobresale en el extremo externo y cuente cinco dedos en dirección al cuello. Masajee el punto localizado durante 2 minutos.

3. En el empeine puede ver por encima del dedo gordo un hueso que sobresale: la 1.ª articulación interfalángica. Desde allí mida dos dedos en el pie hacia la pierna. Justo al lado del hueso (en dirección al centro del pie) notará una depresión, en la que se localiza el punto 3. Presiónelo durante 1 minuto.

4. El punto 4 se encuentra en la depresión que se forma entre las yemas del dedo gordo del pie y la 2.º falange, tres dedos por debajo de la línea de inserción de los dedos. Masajee este punto con fuerza durante 3 minutos en cada pie.

Tinnitus, zumbido en los oídos

5. El punto 5 se localiza ante el centro del borde anterior de la oreja, un dedo por debajo del hueco en el borde de la oreja. Toque suavemente este punto durante 10 segundos en cada oreja.

6. En la nuca busque en el borde inferior del hueso occipital el punto medio. Desde allí cuente cuatro dedos horizontalmente hacia el lado y encontrará el punto de acupresura 6 entre dos haces de músculos perpendiculares. Masajéelo durante 2 minutos.

7. El punto 7 está en el nacimiento de las cejas, en el arco óseo. Presione ambos puntos al mismo tiempo con intensidad moderada durante 30 segundos.

8. El punto 8 se localiza justo debajo de la nariz, por debajo del tabique que divide ambos orificios nasales. Presiónelo con intensidad moderada durante 30 segundos.

Presione asimismo el punto 4.

Procure no perder la concentración

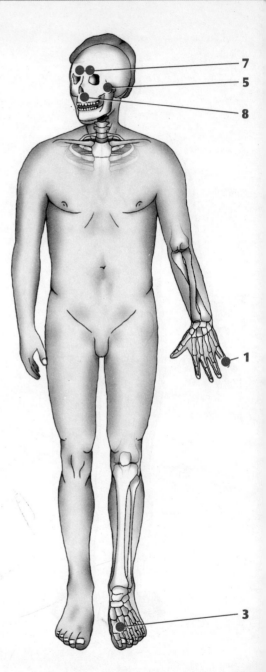

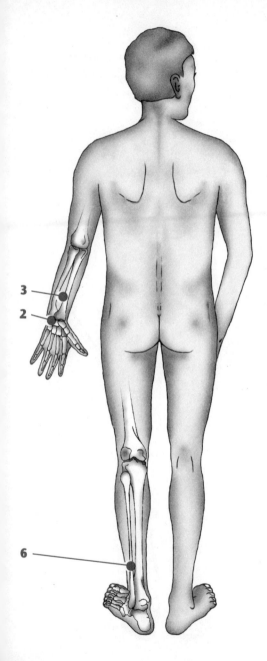

Náuseas, malestar, vómito

1. El punto 1 se halla cuatro dedos por encima del ombligo. Vaya aumentando y disminuyendo la presión lentamente. Duración total: 1 minuto.

2. El punto 2 está en el pliegue de la muñeca, por debajo del dedo meñique, en una depresión situada en el canto de la mano. Presiónelo con intensidad moderada durante 3 minutos.

3. Este punto se localiza en la cara interna del antebrazo, tres dedos por encima del pliegue de la muñeca, entre dos tendones perpendiculares. Presiónelo durante 1 minuto en cada brazo.

4. En la cara externa de la pierna mida cuatro dedos hacia abajo desde el borde inferior de la rótula y un dedo más hacia afuera. Allí notará una depresión. Ponga dentro el dedo corazón y presione durante 2 minutos.

5. El punto 5 se halla por encima de la raíz de la nariz, perpendicularmente, entre las cejas. Presiónelo con intensidad moderada durante 30 segundos.

6. El punto 6 se sitúa en la cara externa de la pierna. Desde el borde superior del tobillo mida tres dedos hacia arriba. El punto de acupresura se localiza en el borde del peroné. Presiónelo durante 1 minuto.

Hipersensibilidad, irascibilidad

7. El punto 7 está a tres dedos a la derecha e izquierda del ombligo. Vaya aumentando y disminuyendo la presión lentamente. Duración total: 1 minuto en cada lado.

8. El punto 8 se encuentra dos dedos por debajo del ombligo. Aumente y disminuya paulatinamente la presión durante 1 minuto en total.

9. En el pliegue que se forma entre el pulgar y el índice busque un punto lo más interior posible y lo más próximo posible al dedo índice, pero sin coger músculo. Presione este punto entre el pulgar y el índice de la otra mano durante 1 minuto.

10. En el empeine puede ver por encima del dedo gordo un hueso que sobresale: la 1.ª articulación interfalángica. Desde allí mida dos dedos en el pie hacia la pierna. Justo al lado del hueso (en dirección al centro del pie) notará una depresión en la que se localiza el punto 5. Presiónelo durante 1 minuto.

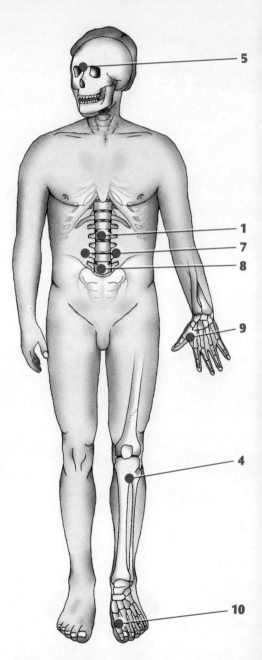

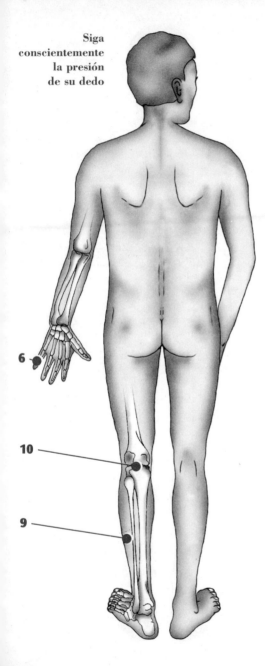

Siga
conscientemente
la presión
de su dedo

6

10

9

Sobrepeso, adiposidad

1. El punto 1 está justo entre el ombligo y el extremo inferior del esternón. Fricciónelo suavemente durante 10 segundos.
2. El punto 2 se halla cuatro dedos por encima del ombligo. Vaya aumentando y disminuyendo la presión lentamente de modo que el tratamiento dure 1 minuto en total.
3. En el pliegue que se forma entre el pulgar y el índice busque un punto lo más interior posible y lo más próximo posible al dedo índice, pero sin coger músculo. Presione este punto entre el pulgar y el índice de la otra mano durante 1 minuto.
4. El punto 4 se encuentra dos dedos por debajo del ombligo. Presione fuertemente este punto de manera pulsátil durante 10 segundos.
5. El punto 5 está en los extremos de las costillas inferiores y es sensible a la presión. Actúe de manera pulsátil sobre él con intensidad moderada durante 10 segundos.
6. El punto 6 se sitúa en la cara interna del dedo meñique, en el pliegue entre la 1.ª y la 2.ª falange. Clave la uña del pulgar en este pliegue y presione siguiendo el ritmo del pulso. Repítalo en el meñique de la otra mano.
7. En la cara externa de la pierna mida cuatro dedos hacia abajo desde el borde infe-

rior de la rótula y un dedo más hacia afuera. Allí notará una depresión por debajo de la cabeza de la tibia, que es sensible a la presión. Ponga dentro el dedo corazón y presione con intensidad moderada durante 2 minutos.

8. El punto 8 se encuentra entre el nudillo del dedo anular y el del meñique. Palpe el borde inferior del nudillo del dedo anular (que queda en el dorso de la mano) justo junto al surco. Presione con fuerza durante 30 segundos en la articulación interfalángica y repítalo en la otra mano.

9. Desde el extremo externo de la corva mida nueve dedos hacia abajo. Allí se localiza el punto de acupresura, en la cara externa de la pantorrilla, justo al lado del peroné. Presione con intensidad moderada en ambas piernas simultáneamente durante 2 minutos.

10. El punto 10 se encuentra justo en el centro de la corva. Presione con intensidad moderada durante 1 minuto.

**Presione cada día
estos puntos**

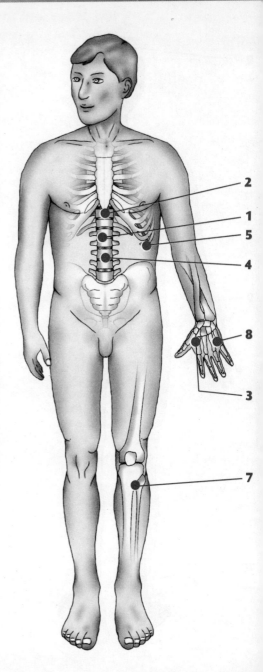

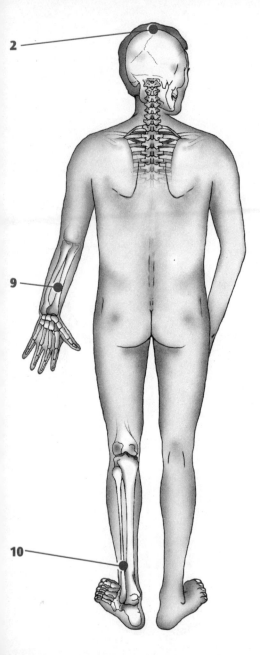

Distonía vegetativa

1. El punto 1 se encuentra en la base de la uña del dedo anular, en el lado más próximo al dedo corazón. Presione con la uña del pulgar de la otra mano durante medio minuto.

2. Trace desde el punto más alto de la oreja derecha una línea imaginaria por encima de la cabeza. El punto de acupresura se localiza exactamente en el medio de esta línea, en la cubierta del cráneo. Presione con intensidad moderada durante 2 minutos.

3. El punto 3 está en la parte externa de la pierna cuatro dedos por debajo del centro del borde inferior de la rótula. Desde allí mida un dedo más hacia afuera y notará una depresión por debajo de la cabeza de la tibia. Coloque dentro el dedo corazón y presione con fuerza durante 2 minutos.

4. Desde el extremo del pliegue, entre el dedo gordo del pie y el 2.° dedo, mida un dedo más hacia arriba, en el empeine. Presione con intensidad moderada durante 1 minuto.

Presione asimismo el punto 7.

La acupresura logra
un estado de equilibrio
que proporciona bienestar

Problemas digestivos, flatulencia, digestiones difíciles

5. El punto 5 se encuentra dos dedos a la izquierda y a la derecha del ombligo. Aumente y disminuya paulatinamente la presión durante 1 minuto.

6. Este punto se localiza dos dedos por debajo del ombligo. Aumente y disminuya paulatinamente la presión durante 1 minuto.

7. El punto 7 está dos dedos por debajo del extremo del esternón. Coloque allí ambos índices y aumente y disminuya paulatinamente la presión durante 1 minuto.

8. En el pliegue que se forma entre el pulgar y el índice busque un punto lo más interior posible y lo más próximo posible al dedo índice. Presione este punto entre el pulgar y el índice de la otra mano durante 1 minuto.

9. Este punto se localiza en la cara interna del antebrazo, tres dedos por encima del pliegue de la muñeca, en el centro de una depresión situada entre dos tendones perpendiculares. Presiónelo con fuerza durante 1 minuto en cada brazo.

10. Desde el borde posterior de la parte interna del tobillo mida cinco dedos hacia arriba, en la pierna. Justo al lado del hueso (peroné) encontrará un punto sensible a la presión. Actúe sobre él con intensidad moderada durante 1 minuto en cada pierna.

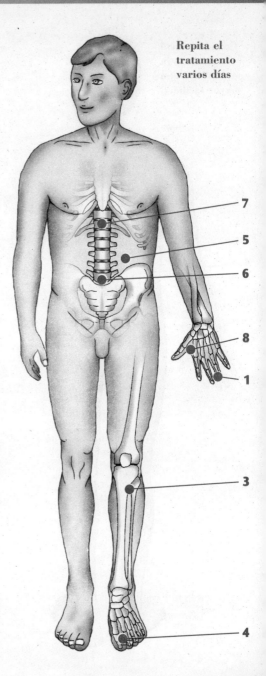

Repita el tratamiento varios días

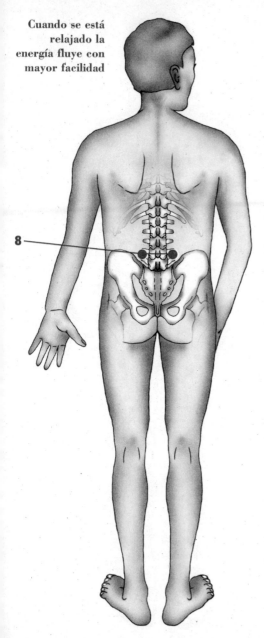

Cuando se está
relajado la
energía fluye con
mayor facilidad

8

Estreñimiento

1. En la cara externa del antebrazo mida tres dedos hacia
arriba desde el pliegue que se
forma al flexionar la mano. Al
ejercer una leve presión notará
el punto en el que el radio y el
cúbito se separan. Presione durante medio minuto.

2. Desde el borde inferior externo de la rótula mida ocho dedos hacia abajo, hasta encontrar un punto sensible a la presión en el peroné, junto a la
tibia. Presiónelo con fuerza durante 30 segundos.

3. El punto 3 está en el dorso
de la mano. Mantenga la mano
con el dorso hacia arriba y estire un poco el pulgar. A continuación coja el triángulo muscular que une los puntos de inserción del pulgar y el índice y
presione fuertemente cinco veces el lugar que se hace carno-
so, un poco más cerca del índice que del pulgar. Repítalo en
la otra mano.

4. Desde el centro de la mitad
del pliegue del codo, del lado del
pulgar, mida tres dedos hacia
abajo y localizará el punto de
acupresura en el pliegue entre
el hueso (radio) y el haz de
músculos que discurre por el
medio. Presiónelo con intensidad moderada durante 1 minuto.

5. Flexione el brazo y en el extremo externo del pliegue del
codo notará la cabeza del húmero. En la depresión situada

ante este hueso se encuentra el punto 5. Presiónelo con intensidad moderada durante 1 minuto en cada brazo.

6. El punto 6 se encuentra en la parte externa de la pierna, cuatro dedos por debajo del centro del borde inferior de la rótula. Desde allí mida un dedo más hacia afuera y notará una depresión por debajo de la cabeza de la tibia. Coloque dentro el dedo corazón y presione fuertemente durante 2 minutos.

7. El punto 7 está un dedo por debajo del límite inferior de la parte interna del tobillo, en una depresión. Presione durante 2 minutos en cada pie.

8. El punto 8 se localiza en el borde superior de la pelvis, dos dedos al lado del centro de la columna vertebral. Presione en ambos lados a la vez durante 2 minutos.

Trabaje con suavidad y sin detenerse

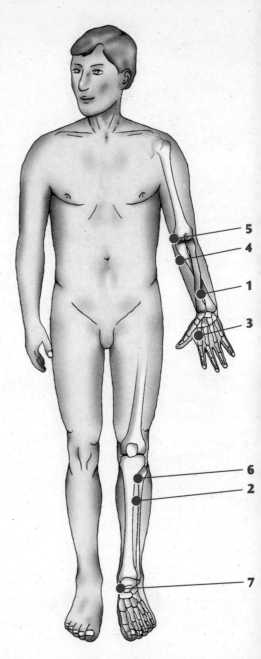

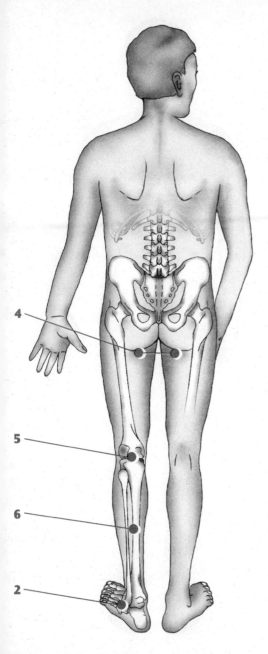

Dislocación de tobillo

1. El punto 1 se sitúa en la parte anterior de la articulación del pie, en el pliegue que se forma al flexionar el pie hacia arriba. En el centro de dicho pliegue se percibe un grueso haz de tendones. Mida un dedo hacia afuera en el pliegue y notará una depresión antes del siguiente haz de tendones. Allí se localiza el punto de acupresura. Presiónelo con intensidad moderada durante 1 minuto. Para ello aguante el pie con la mano por abajo.

2. Este punto se halla en la depresión situada junto al borde inferior delantero de la parte externa del tobillo. Presiónelo suavemente durante 1 minuto, aguantando el pie con la mano por abajo.

3. El punto 3 está medio dedo por debajo del extremo inferior del tobillo, por su cara interna. Presiónelo con intensidad moderada durante 10 segundos y disminuya lentamente la presión. Repítalo varias veces.

Beba abundantemente porque ayuda a eliminar toxinas

Calambres en la pantorrilla

4. El punto 4 está en el centro del pliegue entre las nalgas y los muslos, a izquierda y derecha del extremo inferior del isquion. Presiónelo con fuerza durante 1 minuto en cada lado.

5. El punto 5 está situado en el centro de la corva. Presiónelo con fuerza durante 1 minuto.

6. El punto 6 está en el centro de la pantorrilla. Estire el pie y note cómo el músculo procedente de arriba se ramifica en el centro de la pantorrilla. En la punta de esta bifurcación se encuentra el punto de acupresura. Presiónelo con fuerza durante 1 minuto en cada pierna.

7. El punto 7 está situado en la cara externa del antebrazo tres dedos por encima del pliegue de la muñeca, entre el radio y el cúbito. Presiónelo durante 2 minutos.

8. Punto 8: empiece en el hueco entre el dedo gordo del pie y el 2.° dedo y donde termina mida dos dedos hacia el pie. En el surco entre los huesecillos de los dedos, que siguen aún más arriba, encontrará el punto de acupresura. Presiónelo con intensidad moderada durante 1 minuto en cada pie.

9. El punto 9 está situado justo por debajo del tabique que divide los dos orificios nasales. Presiónelo con intensidad moderada durante 1 minuto.

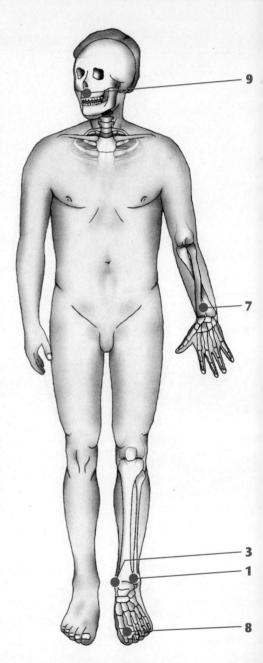

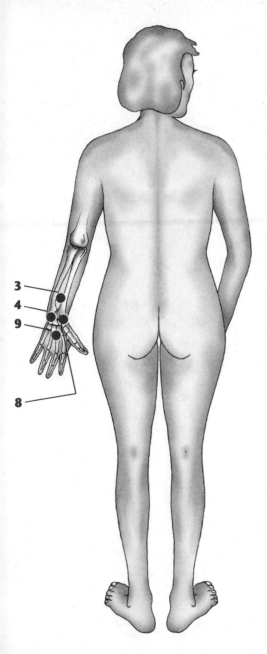

3

4

9

8

Menopausia, molestias en el climaterio

1. El punto 1 se localiza cuatro dedos por encima del borde superior del tobillo por su cara externa, en el borde posterior de la tibia, que se nota claramente. Presione este punto con intensidad moderada durante 1 minuto en cada pierna.

2. El punto 2 está en la pequeña depresión situada en el centro del mentón. Masajéelo con fuerza durante 1 minuto.

3. El punto 3 se encuentra en la cara interna del antebrazo, tres dedos por encima del pliegue del codo, en el centro de una depresión entre dos tendones perpendiculares. Presiónelo durante 1 minuto en cada brazo.

4. Este punto se localiza en la cara interna de la muñeca, en el pliegue de flexión. Para encontrarlo prolongue verticalmente hacia arriba el espacio entre el dedo meñique y el anular. Presione este punto con intensidad moderada durante 1 minuto en cada mano.

5. El punto 5 se sitúa en la cara externa de la pierna, cuatro dedos por debajo de la rótula y un dedo más hacia afuera. Allí notará una depresión por debajo de la cabeza de la rótula sensible a la presión. Después de localizar el punto en ambas piernas ponga encima los dedos corazón y presione con fuerza durante 2 minutos.

6. El punto 6 está en la parte anterior de la articulación del pie, justo donde se dobla hacia la pierna. Allí, en una depresión, se encuentra el punto de acupresura 6. Presiónelo con intensidad moderada durante 2 minutos.

7. El punto 7 se halla por encima de la raíz de la nariz, entre el nacimiento de las cejas. Presione durante 2 minutos.

El llanto de los bebés

8. El punto 8 está en el centro del pliegue de la muñeca entre el antebrazo y la palma de la mano. Presione con intensidad moderada durante 30 segundos.

9. Este punto se localiza en la palma de la mano, en el pliegue entre la yema del pulgar y el pulpejo, aproximadamente a tres dedos del pliegue de la muñeca. Masajee este punto durante 2 minutos en cada mano.

10. El punto 10 se encuentra en el esternón, a la altura de las tetillas. Presiónelo con intensidad moderada durante 2 minutos.

En este caso mida utilizando el ancho de un dedo de niño

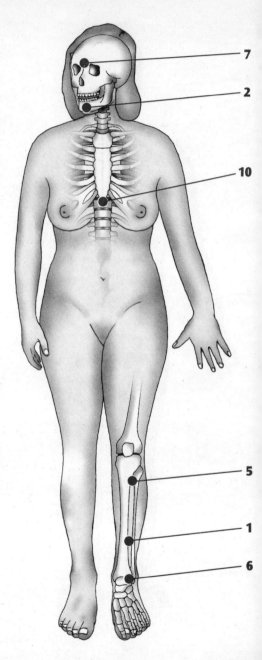

14

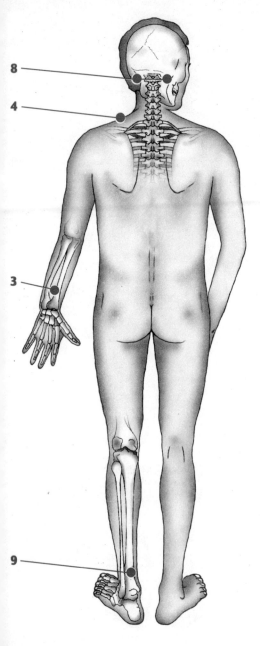

8
4
3
9

Dolor de muelas

1. El punto 1 se halla en la base de la uña del dedo índice, en el ángulo más próximo al pulgar. Presiónelo con la uña del pulgar durante 30 segundos.

2. El punto 2 se sitúa en la base de la uña del pulgar junto al ángulo externo. Lo reconocerá porque es sensible al dolor. Presiónelo con la uña del dedo pulgar de la otra mano durante 30 segundos.

3. Este punto se localiza en la cara interna del antebrazo, cinco dedos por encima del pliegue de la muñeca, en el surco que se forma entre el radio y el cúbito. Presione con fuerza durante 1 minuto en cada brazo.

4. El punto 4 está en una depresión situada en el borde superior del hombro en su punto más alto, tres dedos antes de su unión con el cuello. Presione este punto con intensidad moderada durante 1 minuto.

5. En el pliegue que se forma entre el pulgar y el índice busque un punto lo más interior posible y lo más próximo posible al dedo índice, pero sin coger músculo. Presione este punto entre el pulgar y el índice de la otra mano durante 1 minuto.

6. El punto 6 se halla en la mandíbula inferior. Desde el

Presione el punto situado en el lado donde duele la muela

borde inferior posterior de este hueso mida un dedo hacia delante y desde allí un dedo más hacia arriba. Notará una depresión plana en la que se localiza el punto. Presione en ambos lados de la cabeza al mismo tiempo durante 30 segundos.

7. Haga como si masticara y ante el centro del borde anterior de la oreja podrá notar el punto en el que la mandíbula inferior y la superior se encuentran y su mueven una contra la otra. Ante este punto hay una depresión. Presione suavemente durante 30 segundos.

8. El punto 8 se localiza en el borde inferior del hueso occipital, cuatro dedos al lado del punto medio del surco formado entre dos haces de músculos perpendiculares. Presione con suavidad en ambos lados simultáneamente durante 1 minuto.

9. Desde el centro de la parte interna del tobillo avance con el pulgar horizontalmente hacia atrás, hasta encontrar la depresión entre el tobillo y la parte posterior del pie. Presione con fuerza este punto en ambos pies durante 2 minutos.

10. El punto 10 está situado justo bajo el tabique que separa los orificios nasales. Presiónelo con fuerza moderada durante 1 minuto.

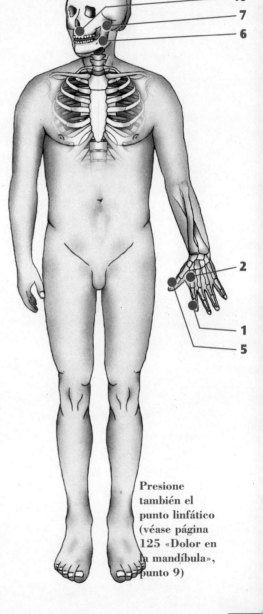

Presione también el punto linfático (véase página 125 «Dolor en la mandíbula», punto 9)

Índice

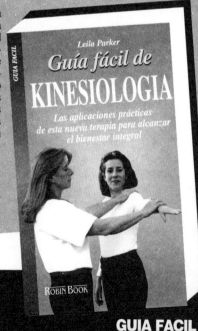

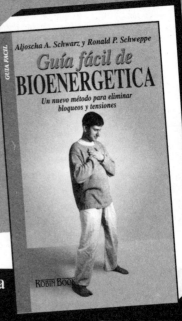